ZEITREISE BADEN-WÜRTTEMBERG

DIETRICH HUB

ZEITREISE BADEN-WÜRTTEMBERG

Orte, die Geschichte schrieben

SILBERBURG

INHALT

Das Wahrzeichen Mannheims: der Wasserturm.

Blick auf den Bodensee.

Kloster und Schloss Bebenhausen.

VORWORT

Als Ausflugsziel ist die Grabkapelle auf dem Württemberg bei Stuttgart-Rotenberg wohlbekannt. Der dem Pantheon in Rom nachempfundene Rundbau ist künstlerisch interessant und sehr sehenswert. Solche kunstgeschichtlich bedeutsamen Bauwerke sind immer Ausdruck von Ereignissen und zeitgeschichtlichen Strömungen, Moden und Empfindungen der jeweiligen Epoche und somit Zeugen dieser Vergangenheit. Die weitere Geschichte zeigt erst, ob ein solches Zeugnis auf Dauer besteht oder bald wieder verschwindet.

Im Zweiten Weltkrieg wurden viele bedeutsame Bauwerke zerstört. Manche davon, wie das Neue Schloss in Stuttgart, wurden in der Nachkriegszeit wiedererrichtet. Doch waren es nicht nur Kriege und Unglücksfälle, die vielen Monumenten der Vergangenheit den Garaus machten. Manche grandiosen Bauwerke früherer Jahrhunderte sahen die damaligen Zeitgenossen als weniger wichtig an und rissen sie ab. Die Lutherkirche in Fellbach war einst eine Wehrkirche mit mächtigen Mauern. Anfang des 19. Jahrhunderts wurden die Wehrmauern abgebrochen, da man keine Wehrkirchen mehr brauchte. Heute hätte man bei einem so geschichtsträchtigen Bauwerk wohl anders entschieden.

Bei anderen geschichtlich bedeutsamen Orten bleibt die Erinnerung bestehen, auch wenn von den dortigen Gebäuden schon nach relativ kurzer Zeit nichts mehr bleibt: Mutlangen wird als Symbol für den Widerstand gegen die Atomrüstung in Erinnerung bleiben, obwohl von den ehemaligen Militäranlagen nur noch ein paar Bunker erhalten sind – diese werden als Mülllager genutzt.

Viele in der Reformationszeit oder im Zuge der Säkularisierung enteigneten Schlösser und Klöster sind nur deshalb erhalten geblieben, weil sie von da an anders genutzt wurden. Die Mönchszellen konnte man zur Unterbringung von Internatsschülern oder zu Zimmern für Psychiatrien umfunktionieren, Schlösser wurden teils zu Museen und Veranstaltungsorten.

Zerstörungen durch Katastrophen waren Anlass zu konstruktiven Neuanfängen: Das 1904 zu zwei Dritteln niedergebrannte Ilsfeld wurde zum Symbol für einen schnellen und gut geplanten Wiederaufbau eines Dorfes.

Manche Orte mit einer furchtbaren Geschichte wurden aus gutem Grund zu Gedenkstätten: Schloss Grafeneck wird immer mit den Vorgängen von 1940 verbunden bleiben, als hier rund 10 000 Menschen mit Behinderungen ermordet wurden.

Häufig sind es Zufälle, die einen bestimmten Platz zu einem geschichtlich bedeutsamen Ort machen. So wurde der Felsenkeller der Haigerlocher Brauerei zum Labor für Atomversuche, weil dieser Bierkeller in der Provinz einigen der damaligen Akteure von früheren Sauftouren her bekannt war.

An all diesen Orten wird Geschichte spürbar und sichtbar. Das Wissen darum hält auch die Erinnerung an die Menschen wach, die Geschichte mitgestaltet haben. Gerne nehme ich Sie jetzt auf die Zeitreise durch die Geschichte vieler Orte in Baden-Württemberg mit und hoffe, dass Ihnen dieser Ausflug ebenso viel Freude bereitet wie mir das Recherchieren und Schreiben des Buches.

Dietrich Hub

Im Park vor dem Karlsruher Schloss.

1147

Bis heute einzigartig – Kloster Maulbronn

Das Kloster Maulbronn ist die größte erhaltene Klosteranlage Deutschlands. Das von einer Mauer eingefasste ehemalige Kloster samt Wirtschaftsgebäuden hat die Größe eines kleinen Städtchens. Diese Klosterstadt wurde sogar in das Weltkulturerbe der UNESCO aufgenommen. Alle Gebäude werden auch heute noch genutzt, als Gastronomiebetriebe, Läden, Schulgebäude, und sogar der Polizeiposten ist in einem der früheren Klostergebäude untergebracht.

Das ehemalige Zisterzienserkloster Maulbronn war 1147 gegründet worden. In der Reformationszeit wurde das Kloster aufgehoben und – wie auch Bebenhausen – in eine evangelische Schule umgewandelt. Nutzungsänderungen dieser Art kamen in evangelisch gewordenen Territorien häufiger vor. Auch die Augustinermönche in Tübingen mussten im Zuge der Reformation ihr Kloster verlassen. Das Augustinerkloster in Tübingen wurde dann zum Evangelischen Stift, also zu einem Wohnheim und Studienhaus für Theologiestudenten. Andere Klöster im heutigen Baden-Württemberg existierten auch nach der Reformationszeit weiter, wurden dann aber knapp drei Jahrhunderte später durch den Reichsdeputationshauptschluss aufgehoben. Weiter verwendet wurden diese Klöster als Schloss (so z. B. Salem), Psychiatrische Einrichtung (Rottenmünster), Domäne und Ackerbauschule (Kloster Kirchberg) oder als Frauengefängnis (Schwäbisch Gmünd).

Die Klosterkirche Maulbronn wurde in den Baustilen von Romanik bis Spätgotik gebaut. Sehr bekannt als Bildmotiv ist der Brunnen im Brunnenhaus vor der Kirche. Dieser Brunnen mit drei Schalen übereinander diente den Mönchen sowohl zur Körperpflege als auch zu den rituellen Waschungen vor dem Gottesdienst.

Seit 1556 bis heute befindet sich im Kloster Maulbronn eine evangelische Schule, das Evangelische Seminar Maulbronn. Das heutige Seminar Maulbronn ist ein Gymnasium mit Internat. Schwerpunkte sind die alten Sprachen, Musik und Religion. Ziel dieses besonderen Gymnasiums ist es, Jungen und Mädchen auf das Theologiestudium vorzubereiten, wobei keineswegs alle Absolventen diesen Weg einschlagen. Viele Familien schätzen die besondere Atmosphäre dieser christlichen Schule, auch wenn ihre Töchter und Söhne andere Berufsziele haben.

Berühmte Schüler der evangelischen Schule im Kloster Maulbronn waren der Astronom Johannes Kepler (1571–1630) sowie der Dichter Friedrich Hölderlin (1770–1843). Der wohl bekannteste ehemalige Zögling der Klosterschule Maulbronn war der Schriftsteller Hermann Hesse. Der schrieb rückblickend aber keineswegs positiv über seine Schulzeit dort. Hermann Hesse floh seinerzeit aus der Schule und verewigte sein damaliges Empfinden in seiner Erzählung »Unterm Rad«.

▲ Klosterbezirk mit Brunnen. ▼ Die unterschiedlichen Baustile von Romanik bis Gotik lassen sich leicht erkennen.

1377

Höchste Kirche der Welt – das Ulmer Münster

Das Ulmer Münster ist weltweit bekannt dafür, dass sein Kirchturm mit 161,53 Metern der höchste der Welt ist. 768 Stufen muss man erklimmen, bis man auf der oberen Plattform angekommen ist. Das Münster ist neben dem Kölner Dom wohl die bekannteste gotische Kirche in Deutschland. Baubeginn war 1377. Fertiggestellt wurde das Münster erst im Jahr 1890.

Die Initiative für den Bau des Ulmer Münsters ging von den Bürgern der freien Reichsstadt aus, und die hatten dabei primär ein praktisches Interesse: Sie wollten eine eigene Kirche, nicht so wie ihre bisherige, die außerhalb der Stadtmauern lag und die dem Kloster Reichenau unterstellt war. Die Kirche außerhalb der Stadtmauern war tatsächlich ein Nachteil, auch bei der Belagerung der Stadt 1376 durch Kaiser Karl IV. Mit einer eigenen Kirche konnten die Bürger selbst den Pfarrer bestimmen, und auch die Einnahmen verblieben in der eigenen Stadt. Wobei die Bürger der Reichsstadt den Bau selbst finanzierten – und Ulm hatte damals nur knapp 10 000 Einwohner. Die eigene Kirche war insofern auch ein Symbol für die Eigenständigkeit und den Reichtum der freien Stadt.

In der Reformationszeit entschied sich die Stadt Ulm wie viele andere freie Reichsstädte für die neue Lehre Martin Luthers. Dem Münster, damals noch unvollendet, tat dies nicht gut: Der Weiterbau wurde erst einmal gestoppt. Und zwar immerhin 300 Jahre lang. Das Münster war zum Zeitpunkt des Baustopps schon für Gottesdienste nutzbar: Die Gewölbe der Kirchenschiffe waren vollendet und auch überdacht. Nur halb fertig aber waren die Türme. Der Hauptturm war nur bis zur Höhe von 70 Metern hochgezogen worden, und in diesem halb fertigen Zustand blieb das Münster drei Jahrhunderte lang stehen. Mit dem Reichsdeputationshauptschluss verlor Ulm seinen Status als freie Reichsstadt. Die Stadt ging kurzfristig an Bayern und kam 1810 zum Königreich Württemberg. Die Donau wurde zum Grenzfluss; Neu-Ulm auf der anderen Seite der Donau gehörte zum Königreich Bayern. Der Weiterbau begann im Jahr 1844. Im Deutschen Bund hatte die napoleonische Zeit zu einem erwachenden Nationalbewusstsein geführt. Die Gotik sah man als die »deutsche Baukunst« an. Es ist kein Zufall, dass in dieser Epoche sowohl das Ulmer Münster als auch der Kölner Dom vollendet wurde.

Auffallend am Ulmer Münster ist vor allem das Tympanon über dem Westportal. Bei vielen Kirchengebäuden ist an dieser markanten Stelle eine Darstellung des Jüngsten Gerichts angebracht. Über dem Haupteingang des Ulmer Münsters aber wird die Schöpfungsgeschichte dargestellt. Gott erschafft die Welt als Kugel, die von anderen Himmelskörpern umgeben ist – offenbar gab es dieses Wissen bereits im Jahr 1380.

Von oben ist die gewaltige Höhe des Kirchturmes sehr gut zu erkennen.

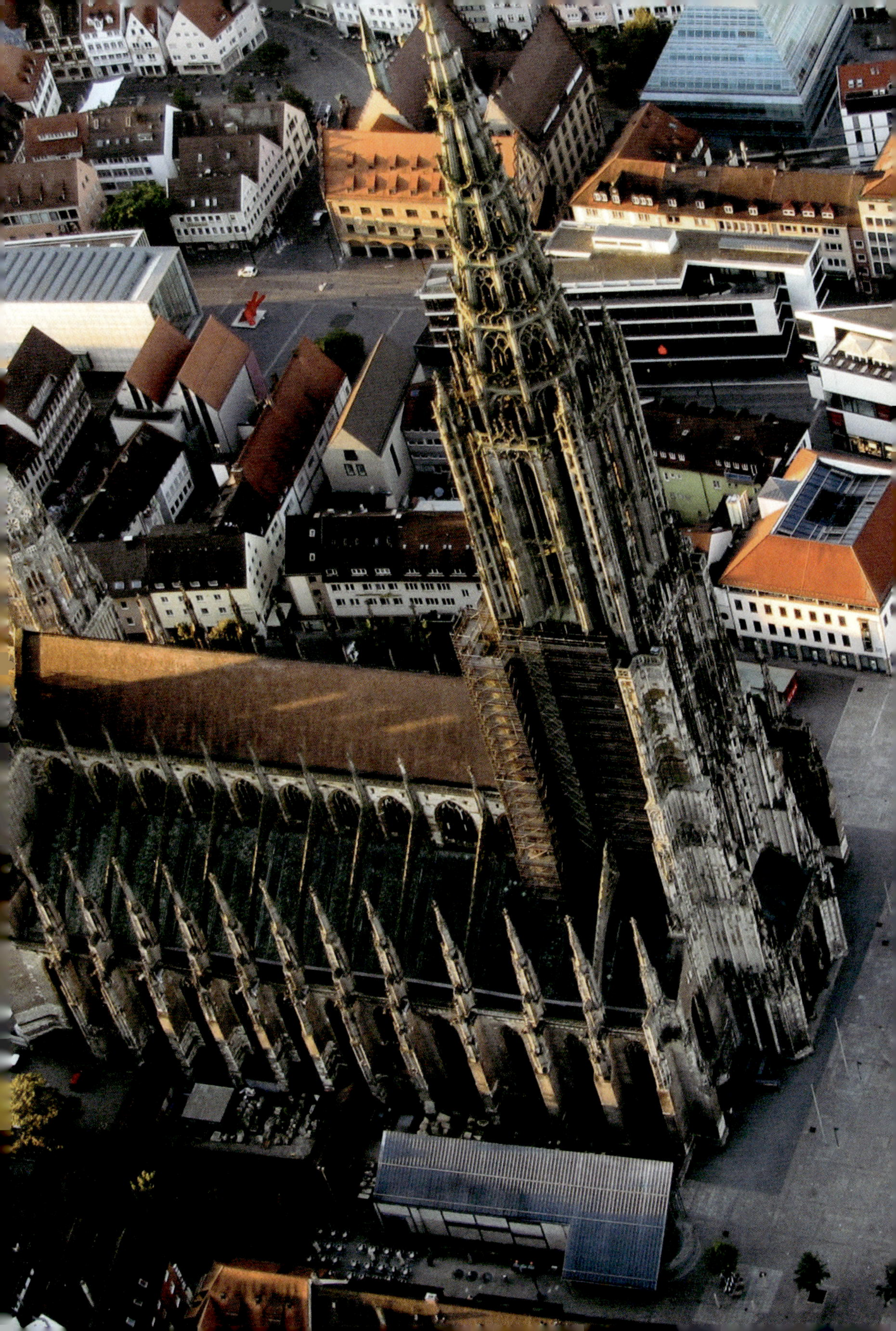

1414–1418

Konstanz schreibt Kirchen- und Weltgeschichte

Im englischsprachigen Raum wird der Bodensee »Lake Constance« genannt. Damit wird offensichtlich, welche Bedeutung diese Stadt für die Bodenseeregion hat. Konstanz liegt direkt an der Grenze zur Schweiz. Viele Schweizer kommen zum Einkaufen nach Konstanz, weil u. a. Lebensmittel dort günstiger sind. In Konstanz-Staad kommen die Fähren aus Meersburg an. Am Hafen am Konzilsgebäude ist der Anlegeplatz der Katamarane, die zwischen Friedrichshafen und Konstanz pendeln.

Geschichtlich bedeutsam wurde Konstanz im Mittelalter vor allem durch das Konstanzer Konzil. Das Konzilsgebäude war eigentlich ein Warenlager und wurde auch nach dem Konzil jahrhundertelang so genutzt. Heute befindet sich dort ein Restaurant. Konstanz war als Tagungsort für das Konzil gewählt worden, weil es als neutraler Ort ein Kompromiss zwischen dem römisch-deutschen König Sigismund und Papst Johannes XXIII. in Pisa war. In dieser Epoche gab es – einmalig in der Geschichte des Christentums – drei Päpste: Gregor XII. in Rom, Benedikt XIII. in Avignon und Johannes XXIII. in Pisa. Diese seltsame Konstellation spaltete nicht nur die Christenheit, sondern destabilisierte die gesamte politische Ordnung in Europa, da die drei Päpste jeweils von verschiedenen politischen Mächten unterstützt wurden.

Nur Johannes XXIII. nahm am Konzil teil. Im Laufe der Beratungen verließ er aber gegen den Willen von König Sigismund das Konzil, weil er erkannt hatte, dass nicht nur seine Gegenspieler, sondern auch er selbst sein Amt verlieren würde. Ohne Papst war nach der damaligen Ordnung das Konzil nicht beschlussfähig. Deshalb erließ das Konstanzer Konzil ein neues Dekret, dass das Konzil über dem Papst stehe und folglich auch ohne diesen handeln könne.

Ein mehr als trauriges Kapitel des Konzils ist, dass der tschechische Reformator Jan Hus zum Konzil eingeladen, ihm freies Geleit zugesichert worden war und er trotzdem in Konstanz als Ketzer verbrannt wurde. König Sigismund, der Jan Hus das freie Geleit garantiert hatte, setzte sich nicht für ihn ein – wohl weil Sigismund auch König von Böhmen werden wollte. Zum Zeitpunkt des Konzils war sein Bruder Wenzel König von Böhmen, und Sigismund erwartete wohl dessen Ableben, was 1419 auch geschah, wodurch Sigismund in der Folge tatsächlich auch König von Böhmen wurde.

Am Konstanzer Hafen steht das Denkmal »Imperia«: eine neun Meter hohe, in Beton gegossene Statue, die auf einer drehbaren Plattform steht und sich je ein Mal in vier Minuten um die eigene Achse dreht. Die vom Bildhauer Peter Lenk geschaffene Statue, die satirisch an das Konzil erinnert, wurde 1993 aufgestellt. Auf der einen Hand trägt die Imperia – durch ihre leichte und geöffnete Bekleidung als Hure gekennzeichnet – den Kaiser, auf der anderen den Papst.

Die Imperia im Konstanzer Hafen.

1535

Festung auf dem »höchsten Berg Württembergs«

Der Hohenasperg war schon immer ein idealer Platz für eine Festungsanlage: Er ragt etwa 100 Meter über die sonst ziemlich ebene Gegend in die Höhe. Seine Hänge sind steil, oben aber hat er ein recht großes Plateau. Die Festung auf dem Hohenasperg wurde von Herzog Ulrich nach der Rückeroberung seines Landes ausgebaut. Ein Teil der heutigen Anlage stammt noch aus dieser Zeit. Sehr früh wurde die Festung auch als Gefängnis verwendet.

Daher kommt auch die scherzhafte Bezeichnung als »höchster Berg Württembergs« – man ist schnell oben, aber es kann Jahre dauern, bis man wieder unten ist. Der wohl bekannteste Häftling auf dem Hohenasperg war der Dichter Christian Friedrich Daniel Schubart. Schubart (1739–1791) war Journalist, Dichter und Musiker. 1769 wurde er Musikdirektor am württembergischen Hof in Ludwigsburg. Zu dem Zeitpunkt schätzte ihn Herzog Carl Eugen noch. Wegen seiner Kritik an politischen Vorgängen verlor er aber seinen Posten und wurde des Landes verwiesen. Dann wurde er aber wieder ins Land gelockt, auf württembergischem Territorium verhaftet und auf dem Hohenasperg inhaftiert. Grund dafür war wohl sein Spott über die Mätresse des Herzogs, Franziska von Hohenheim. Der Herzog und seine Mätresse seien persönlich zugegen gewesen, als Schubart auf den Hohenasperg gebracht und dort eingesperrt wurde.

Auch in der NS-Zeit waren auf dem Hohenasperg politische Gefangene inhaftiert, darunter Eugen Bolz (1881–1945). Der Zentrumspolitiker war in der Weimarer Zeit erst württembergischer Justizminister, dann Innenminister und anschließend Staatspräsident. Von den Nationalsozialisten wurde er auf dem Hohenasperg inhaftiert, dann aber wieder freigelassen. Bolz gehörte zum Kreis derer, die das am 20. Juli 1944 ausgeführte Attentat auf Hitler planten. Deshalb wurde er am 23. Januar 1945 hingerichtet.

1940 richteten die Nationalsozialisten auf dem Hohenasperg ein Durchgangsgefängnis für Sinti und Roma ein. Seit 1968 wird das Gebäude nur noch als Vollzugskrankenhaus benutzt. In Baden-Württemberg ist es das einzige Gefängniskrankenhaus. Es verfügt über 135 Betten. Pro Jahr sind es etwa 1500 Gefangene, die ins Gefängniskrankenhaus gebracht und, sobald es möglich ist, wieder in ein »normales« Gefängnis zurücktransportiert werden. Wenn z. B. Operationen anstehen, werden die Gefangenen mit Bewachern in andere Krankenhäuser transportiert und kommen anschließend zur Genesung wieder auf den Hohenasperg zurück. Auf dem Hohenasperg wurden auch schon Gefangene versorgt, die aufgrund ihres hohen Alters pflegebedürftig waren und in keinem anderen Krankenhaus versorgt werden konnten.

Im Arsenalbau der Festung hat das Haus der Geschichte eine Dauerausstellung eingerichtet. Gezeigt werden Bilder und Schicksale von 23 Gefangenen.

Auf der Kanone ist das Herstellungsdatum 1866 eingraviert. Sie wurde wohl nie benutzt.

1556

Evangelische Schule im einst katholischen Kloster

Heute ist Bebenhausen ein »Nobelteilort« von Tübingen. Gerade einmal 341 Menschen wohnen hier. Das kleine Dorf mit seinen historischen Häusern, die ringförmig um die ehemalige Klosterkirche angelegt wurden, ist ein »Gesamtkunstwerk« und steht auch rechtlich unter Ensembleschutz.

Seit dem 12. Jahrhundert existierte in Bebenhausen ein Kloster. Darin lebten erst Prämonstratenser, bald schon aber Zisterziensermönche. Dies blieb so bis zur Reformation. Die Mönche mussten ihr Kloster verlassen, und in den Gebäuden wurde eine evangelische Schule eingerichtet. Bis zum Ende des Dreißigjährigen Krieges gab es noch einige Wechsel zwischen evangelischer und katholischer Nutzung. Die evangelische Schule bestand zwei Jahrhunderte lang und wurde dann ins benachbarte Tübingen verlegt.

Friedrich I. von Württemberg (der erste König, nachdem das Herzogtum Württemberg von Napoleon zum Königreich erhoben wurde) ließ 1807 das ehemalige Abtshaus des Klosters zu einem Jagdschloss umbauen. Ausschlaggebend dafür war, dass der Schönbuch ein gutes Jagdrevier war und dass Bebenhausen nicht sehr weit von Stuttgart entfernt lag. Dieses Jagdschloss sollte für den letzten württembergischen König sehr wichtig werden, da Bebenhausen sein Exil wurde, als er Stuttgart am 9. November 1918 verlassen musste. An diesem Abend zogen König Wilhelm II. und seine Frau Charlotte aus Stuttgart ab, eskortiert von ein paar bewaffneten Männern der Sozialdemokratie. Anders als etwa in Berlin war der Respekt vor dem bisherigen Monarchen erhalten geblieben. Trotzdem kam Wilhelm II. bis an sein Lebensende nie darüber hinweg, dass sich sein Volk nicht vor ihn gestellt hatte. Als sie in Bebenhausen ankamen, sei die dortige Dienerschaft nicht auf ihr Eintreffen vorbereitet gewesen. Der Koch bemühte sich, noch eine warme Mahlzeit auf den Tisch zu stellen. Stuttgart wollte Wilhelm II. nie wieder betreten, erklärte er später, und er ordnete auch an, dass sein Leichenzug nicht durch Stuttgart, sondern in einem Bogen um die Landeshauptstadt herum nach Ludwigsburg fahren müsse. Nach seiner Abdankung führte er nur noch den Titel »Herzog von Württemberg«. Er wolle »niemals ein Hindernis sein für die freie Entwicklung der Verhältnisse des Landes und dessen Wohlergehen«, schrieb er in seinem berühmt gewordenen »Scheidegruß«.

Die neue württembergische Regierung gewährte ihm lebenslanges freies Wohnrecht in Bebenhausen. Auch das Schloss Friedrichshafen, welches königliches Privateigentum war, blieb ihm erhalten. Er starb am 2. Oktober 1921 in Bebenhausen. Er wurde in Ludwigsburg beerdigt, und entsprechend seiner Anordnung fuhr der Leichenzug um Stuttgart herum. Begleitet wurde der Sarg von Adligen, Geistlichen und Offizieren – also all jenen, die ihn am 9. November 1918 im Stich gelassen hatten.

Das Bebenhäuser Kloster besitzt einen schönen Kreuzgang.

1599

Freudenstadt – quadratisch, praktisch, gut gegründet

Inmitten des Schwarzwaldstädtchens Freudenstadt liegt ein riesiger Marktplatz. Mit 219 auf 216 Meter soll er der größte Marktplatz Deutschlands sein. Heute führen Straßen über ihn hinweg. Dadurch wurde der große Platz in drei Teile geteilt, und es wurden auf dem Platz auch das Stadthaus und ein Postamt gebaut, sodass seine ursprüngliche Dimension nicht mehr so augenfällig ist.

Die Stadt Freudenstadt ist nicht wie die meisten Städte gewachsen, sondern wurde im 16. Jahrhundert als Residenzstadt am Reißbrett entworfen. Einzigartig waren solche geplanten Neugründungen nicht: Die Stadtgründung von Karlsruhe fand 1715 statt. Die Stadt wurde »passend« zum Residenzschloss des Markgrafen Karl Wilhelm von Baden-Durlach gebaut. Ähnliche Planstädte gibt es im Südwesten mit Mannheim, Rastatt und Ludwigsburg.

Herzog Friedrich I. wollte im Westen seines Landes einen neuen »Stützpunkt« errichten. Die Stadt sollte mit einer Stadtmauer befestigt werden und mit einem Schloss auch als Residenzstadt dienen. Im Jahr 1599 war Baubeginn. Der Herzog hatte gezielt Bürger angeworben, die sich hier niederlassen sollten. Den Neubürgern wurden Bauplätze und landwirtschaftliche Flächen zugesagt. Viele Glaubensflüchtlinge, die aufgrund ihres evangelischen Glaubens im Zuge der Gegenreformation Österreich verlassen mussten, fanden in Freudenstadt eine neue Heimat. Das Schloss wurde nie gebaut, ebenso wenig die Stadtmauer. Herzog Friedrich I. starb 1608 und keiner seiner Nachfolger hatte Interesse daran, den Plan einer Residenzstadt zu verwirklichen. Die Stadt selbst aber entwickelte sich gut, nicht zuletzt aufgrund des Fleißes der neuen Bewohner. So wurde aus dem Schlossplatz ein überdimensionaler Marktplatz. Interessant ist auch die Kirche, die eine Ecke des Marktplatzes ausfüllt. Sie ist L-förmig gebaut: Im Winkel befinden sich Kanzel und Altar. Sitzbänke gibt es auf beiden Seiten. Ursprünglich sei die Kirche so angelegt worden, dass auf der einen Seite die Männer und auf der anderen die Frauen sitzen. So können Männer und Frauen auf den Altar und den Pfarrer schauen, sich aber während des Gottesdienstes nicht gegenseitig sehen. Das sei nützlich für die eigene Andacht, dachten damals die Baumeister. Heute wird die ursprünglich geplante Sitzordnung nicht mehr eingehalten.

Obwohl die Stadt völlig »echt« aussieht, ist das heutige Freudenstadt keineswegs historisch. Am Ende des Zweiten Weltkrieges meinten einige sogenannte »Werwölfe«, die Stadt vor den heranrückenden Franzosen verteidigen zu müssen. Das Ergebnis war, dass am Ende fast die gesamte Stadt in Trümmern lag. Nach dem Krieg kam es zum »Wunder von Freudenstadt«: In nur fünf Jahren war die Stadt wieder aufgebaut und dabei gegenüber der alten Planstadt nur leicht verändert worden. Ein Schloss freilich wurde auch im neu erbauten Freudenstadt nicht errichtet.

Die große Fläche des Marktplatzes war ursprünglich für den Bau eines Schlosses vorgesehen.

BONITA

1689

Sinnbild für Luxus: Baden-Baden

Trotz der Zerstörung des Schlosses und des Umzugs der Markgrafen nach Rastatt blieb Baden-Baden der Inbegriff für luxuriösen Lebensstil, und die Popularität der Stadt nicht ohne Folgen. Die Stadt Baden-Baden gab immerhin der Markgrafschaft Baden, dem daraus entstandenen Großherzogtum und letztendlich dem Land Baden-Württemberg seinen Namen. Bis heute ist die Stadt eine international bekannte Kur- und Bäderstadt.

Ursprünglich hieß die Stadt einfach Baden. Der Name geht wohl auf eine römische Siedlung zurück, die nach der dortigen Quelle benannt wurde. Aus dem lateinischen Namen Aquae für Wasser oder Bad entstand wohl der deutsche Name Baden. Dieser Name wurde als Bezeichnung der Markgrafschaft übernommen, die lange Zeit ihr Schloss in der Stadt Baden hatte, bevor sie nach Rastatt wechselte. Der »doppelte« Name entstand vermutlich, als die Markgrafschaft Baden sich durch Erbteilung in eine Linie Baden-Durlach und eine Linie Baden-Baden aufteilte. Baden-Baden, ursprünglich wohl »Baden in Baden«, wurde die Stadt Baden in der Markgrafschaft Baden genannt.

Das dortige Schloss des Markgrafen Ludwig Wilhelm (des »Türkenlouis«) wurde – wie auch das Heidelberger Schloss – 1689 im Pfälzischen Erbfolgekrieg (1688–1697) zerstört. Sein neues Schloss ließ Markgraf Ludwig Wilhelm in Rastatt errichten.

Heute ist Baden-Baden sowohl eine geschichtsträchtige als auch eine mondäne Stadt – obwohl sie mit rund 55 000 Einwohnern keineswegs besonders groß ist. Baden-Baden hat schon seit Jahrhunderten ein Spielcasino und Bäderanlagen. Die innere Gestaltung des Spielcasinos im Kurhaus ist weltberühmt. Im 19. Jahrhundert entwickelte sich Baden-Baden zum exklusiven Kurort und zog ein internationales Publikum an. Für diese zahlungskräftigen Besucher wurden entsprechende Hotels gebaut, ebenso die passenden Einkaufsmöglichkeiten für die gut betuchten Gäste. Das Luxushotel »Stephanie« befand sich von 1857 bis zum Deutsch-Französischen Krieg 1870/71 in französischem Besitz.

Nach dem Zweiten Weltkrieg wurde Baden-Baden Sitz der französischen Militärregierung. Dafür sprach nicht nur die räumliche Nähe zu Frankreich. Vermutlich hatten hohe französische Militärs, die Baden-Baden als Kurgäste kannten, diese Stadt schon vor Kriegsende als künftiges standesgemäßes Quartier im besiegten Deutschland im Blick. Denkbar wäre auch, dass Baden-Baden aus diesem Grund von Bombenangriffen oder anderen Zerstörungen weitgehend verschont blieb. Nach Kriegsende nutzten die Franzosen nicht nur die Hotels und diverse private Häuser in Baden-Baden für ihre Zwecke, sondern bauten im Westen der Stadt einen neuen Stadtteil mit 1600 Wohnungen für ihre Soldaten und für die vielen Zivilangestellten der Militärverwaltung. Zeitweilig lebten mehr Franzosen als Deutsche in Baden-Baden. 1999 zogen die Franzosen ab. Etwa 1000 Wohnungen, Kasernen und Schulen standen leer, und es musste eine neue Nutzung für diese Immobilien gefunden werden.

Nachmittags gibt es Führungen durch die kunstvoll gestalteten Räume des Spielcasinos.

1702

Erbaut im Stil Ludwigs XIV.

Rastatt wurde 1702 Residenzstadt des Markgrafen Ludwig Wilhelm von Baden (1655–1705). Dieser ließ sein im pfälzischen Erbfolgekrieg zerstörtes Schloss in Baden-Baden nicht mehr dort, sondern in Rastatt neu errichten. Ludwig Wilhelm gab für diesen Neubau die unglaubliche Summe von 12 Millionen Gulden aus.

Ludwig Wilhelm wurde auch der »Türkenlouis« genannt, weil er ein erfolgreicher Heerführer in den Türkenkriegen war. So befehligte er u. a. das Heer, welches 1683 Wien vor den Osmanen rettete. Während der »Türkenlouis« im Osten kämpfte, wurden 1689 Baden-Baden und sein Schloss von den Franzosen zerstört. Mit dem Neubau des Schlosses in Rastatt verlor Baden-Baden an Bedeutung.

Das Schloss Rastatt ließ der Markgraf im Barockstil bauen. 1697 war in Rastatt bereits mit dem Bau eines Jagdschlosses begonnen worden. 1699 ordnete der Markgraf an, dass statt des Jagdschlosses eine Residenz errichtet werden solle. Die bis dahin fertiggestellten Gebäudeteile wurden für das größere Residenzschloss weiterverwendet. Architekt war der italienische Hofbaumeister Domenico Egidio Rossi. Vorbild für das Rastatter Residenzschloss war wohl das Schloss von Versailles. Obwohl der französische König Ludwig XIV. in Baden und in der Pfalz Verwüstungen hinterlassen hatte, wurde sein Stil auch für die rechtsrheinischen Landesherren prägend.

Auf dem Dach des Schlosses leuchtet in Gold eine Skulptur des Gottes Jupiter. Vermutlich steht die Gestalt des obersten römischen Gottes für den Bauherrn des Schlosses, Ludwig Wilhelm von Baden. Auch heute noch ist das weitläufige Schloss das Wahrzeichen der Stadt. Es steht leicht erhöht über der Stadt und zieht schon allein deshalb die Blicke auf sich. Vor dem Schloss mit seinen Seitenflügeln befindet sich ein großer Platz, hinter dem Schloss ein Park mit See und Fontäne. In den Räumen des Schlosses ist ein militärgeschichtliches Museum untergebracht. Auf rund 1500 Quadratmetern wird Militärgeschichte von 1500 bis 1918 dargestellt, ebenso der Zusammenhang zwischen Militär, Staat und Gesellschaft.

Im Schloss Rastatt wurde ein militärgeschichtliches Museum eingerichtet.

H. Barthelmess
„Ulmer Schachtel"

Stadt Ulm

1712

Einweg-Transportmittel für Fernreisen

Die Ulmer Schachteln sind ein spezieller Bootstyp, der auf der Donau ab Ulm für »Einwegfahrten« flussabwärts verwendet wurde. Meist waren es Auswanderer, die mit diesem Transportmittel mit ihrer Habe donauabwärts fuhren. Im 17. Jahrhundert wurden auch Soldaten samt Pferden und Geschützen auf diese Weise in Richtung Wien gebracht, um gegen die Türkenheere zu kämpfen.

Für die »Donauschwaben«, das heißt für Deutsche, die vom 17. bis zum 19. Jahrhundert ins heutige Ungarn oder Rumänien auswanderten, waren die Ulmer Schachteln das übliche Transportmittel. Die erste bekannte Auswandungswelle von Süddeutschland nach Ungarn gab es 1712, also einige Jahrzehnte nachdem die »Türkengefahr« gebannt war. 1745 reisten Kaiser Franz I. und seine Gemahlin Maria Theresia nach ihrer Krönung in Frankfurt in einer Ulmer Schachtel zurück nach Wien.

Da sie keinen Antrieb hatten, konnten die Ulmer Schachteln nur mit dem strömenden Wasser fahren. Wegen des mitunter niedrigen Wasserstands bekamen die Ulmer Schachteln keinen Kiel. Mit Rudern vorn und hinten wurden sie im fließenden Wasser bewegt. Die ursprüngliche Bauart ist so, dass in dem schlanken Schiffskörper eine Hütte aufgebaut wurde. Bei aufwändigeren Konstruktionen wurde das Dach der Hütte begehbar konstruiert, sodass für die Passagiere zwei Decks zur Verfügung standen. Das Holz der ursprünglich recht simpel gebauten Boote wurde am Zielort recycelt und als Brennholz verwendet.

Die Ulmer Schachteln waren Weiterentwicklungen der Flöße. Flöße haben keinen geschlossenen Schiffskörper, sondern schwimmen nur aufgrund des Auftriebs der Baumstämme oben. Da die Auftriebskraft von Holz nur ein wenig höher ist als seine Masse, braucht man recht viel Holz, genauer gesagt: recht dicke Baumstämme für ein Floß. Die Ulmer Schachteln aber wurden in Zimmermannsarbeit hergestellt und die Fugen zwischen den Brettern abgedichtet. So entstanden einfache, aber sehr zweckmäßige Einwegboote für die Flussschifffahrt. Mit dem Bau von Eisenbahnstrecken konnten Menschen und Material einfacher und schneller transportiert werden, und die Ulmer Schachteln wurden nicht mehr gebaut.

Auf dem Neckar hingegen wurden schon vor der Erfindung der Dampfmaschine Schiffe flussab- und flussaufwärts bewegt, indem sie an Seilen von Menschen oder Pferden am Ufer gezogen wurden. Dies nannte man »treideln«. Ein Flussschiff durch Menschen- oder Pferdekraft gegen den Strom zu ziehen war sehr aufwendig und es ging nur recht langsam vorwärts. Der Begriff »trödeln« leitet sich von »treideln« ab und betont die Langsamkeit der Vorgehensweise.

Auf der Donau bei Ulm verkehren nach wie vor einige »Ulmer Schachteln«, freilich nicht aus praktischen Gründen. Unter anderem kommen diese beim Ulmer Feiertag, dem »Schwörmontag«, zum Einsatz. Die heutigen Ulmer Schachteln haben einen Motor. Da die Fließgeschwindigkeit der Donau durch zahlreiche Wehre stark reduziert wurde, wäre auch flussabwärts eine Bewegung allein durch die Fließgeschwindigkeit des Wassers nicht mehr möglich.

▲ Eine Ulmer Schachtel auf einer Radierung von Hans Barthelmeß aus dem Jahr 1910.
▼ Ein heutiger Nachbau einer Ulmer Schachtel mit dem Namen »Stadt Ulm«.

1715

In geometrischer Ordnung gegründet

Karlsruhe wurde 1715 gegründet, geplant am Reißbrett im in der Barockzeit üblichen Stil. Zuvor war Durlach die Residenzstadt der Markgrafen. Kernpunkt der Architektur der neuen Stadt Karlsruhe sind die 32 Straßen, die wie ein Fächer vom Schloss ausgehend halbbogenförmig von Westen nach Osten verlaufen, daher auch der Name »Fächerstadt«. Vom Schlossturm aus kann man in die so angelegten Straßen hineinsehen.

Der Legende nach sei die Wahl auf die Stelle gefallen, an welcher das Schloss und die neue Stadt gebaut wurden, weil Markgraf Karl III. Wilhelm von Durlach aus auf die Jagd gegangen sei, sich dann mit seinem Pferd von der Jagdgesellschaft entfernt und sich verirrt habe. Er ritt ziellos umher, wurde müde, stieg vom Pferd ab, setzte sich unter eine Eiche und schlief ein. Im Traum erschien ihm ein schönes Schloss mit großem Garten und Straßen, die fächerförmig vom Schloss in eine neu erbaute Stadt liefen. Der Markgraf markierte die Stelle, an welcher ihm dieser Traum erschienen war, und ließ bald danach mit den Bauarbeiten beginnen.

Durlach verlor damit seinen Status als Residenzstadt, und das benachbarte Karlsruhe wurde bald größer als Durlach. 1938 wurde Durlach ein Stadtteil von Karlsruhe.

Im Jahr 1771 wurden die beiden markgräflichen Linien Baden-Baden und Baden-Durlach wieder vereinigt. Karlsruhe wurde damit zur Residenzstadt der gesamten Markgrafschaft. 1806, unter Napoleon, wurde die Markgrafschaft Baden zum Großherzogtum ernannt. Bis zum Ende der Monarchie in Deutschland im November 1918 blieb das Schloss Karlsruhe Wohn- und Regierungssitz der Markgrafen bzw. ab 1806 der Großherzöge.

1952 wurde das Land Baden Teil des neuen Südweststaates Baden-Württemberg. Karlsruhe, die frühere Landeshauptstadt, wurde Sitz des Regierungspräsidiums von Nordbaden. Seit 1950 befinden sich in Karlsruhe der Bundesgerichtshof und seit 1951 das Bundesverfassungsgericht. Wegen dieser obersten Gerichte wird Karlsruhe auch »Residenz des Rechts« genannt.

Im Jahr 2018 kam es zu einem skurrilen »Flaggenstreit« in Karlsruhe. Anlässlich einer Ausstellung über die »badische Revolution« hatte das Badische Landesmuseum – welches im Karlsruher Schloss untergebracht ist – auf dem Turm des Schlosses eine rote Fahne gehisst. Ein Bürger beschwerte sich, die Flagge musste wieder abgenommen werden, und bei dieser Gelegenheit stellte man fest, dass auch die gelb-rot-gelbe Baden-Flagge nicht über dem Karlsruher Schloss wehen dürfe, was in der Vergangenheit aber des Öfteren geschehen war. Ministerpräsident Kretschmann stellte klar, dass die Flaggenverordnung an öffentlichen Gebäuden eingehalten werden müsse, und nach dieser sei auch für das Karlsruher Schloss die schwarz-gelbe Flagge Baden-Württembergs vorgesehen. Ganz unbeweglich blieb die Landesregierung aber nicht: Es wurde entschieden, dass für die Dauer der Ausstellung die rote Fahne weiter über dem Schloss wehen dürfe. Die Flaggenverordnung des Landes Baden-Württemberg wurde zudem geändert, sodass nun auch die Flagge Badens über dem Karlsruher Schloss wehen darf.

Auch das Schloss Karlsruhe wird im Badnerlied erwähnt: »Zu Karlsruh' ist die Residenz, in Mannheim die Fabrik. In Rastatt ist die Festung und das ist Badens Glück.«

1746

Wohnen und Repräsentieren: das Neue Schloss

Baubeginn für das Neue Schloss war im Jahr 1746 während der Regierungszeit des Herzogs Carl Eugen. Vollendet wurde es aber erst 1807. Da war Württemberg ein Königreich von Napoleons Gnaden geworden, und Herzog Friedrich somit zum König Friedrich I. von Württemberg erhoben.

Im Jahr 1918, nachdem König Wilhelm II. Stuttgart am 9. November verlassen und am 30. November abgedankt hatte, ging das Neue Schloss als vormaliges Krongut in den Besitz der Republik Württemberg über. Im Neuen Schloss wurden Behörden untergebracht, u. a. das Polizeipräsidium und die Straßen- und Wasserbauabteilung des Innenministeriums. Ab Anfang 1944 wurde Stuttgart insgesamt 57-mal bombardiert, sodass die Innenstadt bei Kriegsende nahezu vollständig zerstört war. Vom Neuen Schloss standen nur noch die Außenmauern. 1949 wurde damit begonnen, die Ruine zu sichern, wobei noch nicht klar war, ob das Neue Schloss wieder aufgebaut oder gänzlich abgerissen werden soll. Im Januar 1949 hatte der Stuttgarter Bürgermeister Arnulf Klett Stuttgart als neue Hauptstadt der Bundesrepublik vorgeschlagen. Dafür fand er aber keine Mehrheiten, nicht einmal in Württemberg selbst.

Am 25. April 1952 wurde der neue Südweststaat aus den Ländern Baden, Württemberg-Baden und Württemberg-Hohenzollern gegründet. Festgelegt wurde auch, dass Stuttgart die Landeshauptstadt des neuen Landes Baden-Württemberg wird. Damit stellte sich auch die Frage, wo das Landesparlament zusammentreten wird. Noch immer ragten die Außenmauern der Ruine des Neuen Schlosses inmitten von Stuttgart traurig in den Himmel. Auch Paul Bonatz, der renommierte Stuttgarter Architekt, hatte vorgeschlagen, dass das Neue Schloss wieder aufgebaut und darin auch ein Plenarsaal für den Landtag eingerichtet werden solle. Am 5. Dezember 1956 entschied der Landtag des Landes Baden-Württemberg sich mit nur einer Stimme Mehrheit für den Neubau eines Plenarsaals, den heutigen Landtag. Noch bis 1961 kam der Landtag des Bundeslandes Baden-Württemberg (ebenso wie zuvor von 1947 bis 1952 der Landtag des Landes Württemberg-Baden) im Eduard-Pfeiffer-Haus der Stiftung Arbeiterheim in der Heusteigstraße 45 zusammen. Seitdem kommt der Landtag im quadratischen »Haus des Landtages« zusammen. Dazu gehört seit 1987 auch das auf der anderen Seite der Konrad-Adenauer-Straße gelegene »Haus der Abgeordneten«. Beide Gebäude sind durch einen Fußgängertunnel miteinander verbunden.

Aber auch das Neue Schloss wurde wieder aufgebaut. Am 19. Juni 1957 beschloss der Ministerrat, dass das Neue Schloss wiederhergestellt und der Mittelteil des Hauptflügels für repräsentative Aufgaben der Landesregierung genutzt werden solle. 1961 war der Wiederaufbau vollendet. Im Gebäude wurden Dienststellen des Finanz- und des Kultusministeriums untergebracht. Die Grünflächen des Schlossplatzes vor dem Neuen Schloss erfreuen sich heute großer Beliebtheit bei Stuttgarter Bürgern und Besuchern. Insgesamt ist das Neue Schloss für die Bürger jedoch »recht verschlossen«. Anders als in anderen ehemaligen Residenzen gibt es in Stuttgart für Besucher selten die Möglichkeit, die Innenräume zu besichtigen.

Das Neue Schloss in Stuttgart, davor die Jubiläumssäule auf dem Schlossplatz.

1806

Aufhebung des Dominikanerinnenklosters

Die einsame Lage des Klosters Kirchberg auf einer Hochebene zwischen Renfrizhausen und Gruol ist traumhaft schön. Die ehemalige Klosterstadt blieb weitgehend erhalten. Das Dominikanerinnenkloster wurde im Zuge der Säkularisation 1806 aufgehoben. Das Klosterleben wurde aber fortgeführt, erst 1865 verließ die letzte Nonne das Kloster.

Seit 1958 haben die Berneuchener Gemeinschaften hier ihr geistliches Zentrum. Wie zu früheren Klosterzeiten wird nun von evangelischen Christen viermal am Tag in der Klosterkirche das Chorgebet gesungen. Zu den Berneuchener Gemeinschaften gehören die Evangelische Michaelsbruderschaft, der Berneuchener Dienst, die Gemeinschaft St. Michael und die Jungbruderschaft St. Michael. Dies sind Gemeinschaften von Männern und Frauen, die verbindlich zusammengehören wollen, aber nicht am selben Ort und auch nicht zölibatär leben.

Durch das Eingangstor betritt der Besucher den äußeren Klosterhof, in dem früher die Werkstätten und Ställe sowie die Quartiere der Laien waren. Von dort aus blickt man auf das 65 Meter breite Konventsgebäude mit seiner imposanten Barockfassade. Links davon ist die Klosterkirche. Vom ehemaligen quadratischen Klosterbezirk, der »Klausur«, die nur von den Nonnen selbst betreten wurde, steht heute noch die Hälfte, d. h. das Konventsgebäude und die im rechten Winkel dazu stehende Klosterkirche. Reste des Kreuzganges zeugen davon, wo sich der Süd- und der Ostflügel befanden. Diese wurden nach dem Ende der eigentlichen Klosterzeit abgebrochen.

Seit 1958 ist die große Klosteranlage das Stammhaus der Evangelischen Michaelsbruderschaft und der Berneuchener Gemeinschaften. Der Name Berneuchen kommt von einem Ort im heutigen Polen, wo auf einem Rittergut in den 1920er-Jahren des letzten Jahrhunderts diese christlichen Gemeinschaften entstanden. Die Gruppen sind eine Art evangelischer Orden, denn die Schwestern und Brüder haben sich zu einer verbindlichen geistlichen Gemeinschaft zusammengeschlossen. Sie kommen regelmäßig zusammen, u. a. im Kloster Kirchberg. Im Kloster Kirchberg leben somit keine Mönche oder Nonnen, sondern die Mitarbeiter des Klosters bilden gemeinsam die »Hausgemeinde«, und die Angehörigen der Berneuchener Gemeinschaften sind regelmäßig zu Gast.

Im Kloster wird viermal am Tag das »Stundengebet« gefeiert, zu dem auch Besucher eingeladen sind. Die festen Uhrzeiten sind 7.45 Uhr, 12.00 Uhr, 18.00 Uhr und 21.00 Uhr. Im Kloster Kirchberg werden diverse Seminare und Kurse angeboten. Insgesamt gibt es in der Klosteranlage etwa 100 Gästebetten. Die Ackerbauschule – das Gebäude gleich links, wenn man in den Klosterhof geht – ist für Jugendgruppen und Familien ausgelegt.

Vormals ein katholisches Kloster, ist Kloster Kirchberg nun das Stammhaus der Evangelischen Michaelsbruderschaft.

1806

Christliche Gemeindegründung im Schwarzwald

1806 wurde im Schwarzwald zwischen Schramberg und St. Georgen ein neues Dorf gegründet: Königsfeld. Familien aus Herrnhut in Sachsen und dieser Glaubensgemeinschaft nahestehende Familien aus anderen Regionen ließen sich hier nieder und errichteten in der vorgegebenen Architektur der Herrnhuter eine neue Siedlung.

Die Herrnhuter Brüdergemeine entstand ab 1722, als Angehörige der Glaubensgemeinschaft »Böhmische Brüder« auf dem Gut des Nikolaus Ludwig Graf von Zinzendorf in Berthelsdorf (in Sachsen, zwischen Bautzen und Görlitz) aufgenommen wurden. Im Zuge der Gegenreformation waren sie aus ihrer Heimat in Böhmen vertrieben worden. Bei Berthelsdorf gründeten die Vertriebenen die Siedlung Herrnhut. Die Herrnhuter führten viele Anliegen der böhmischen Brüder fort, nahmen aber auch viele Impulse des Pietismus auf.

Von Herrnhut aus wurden diverse neue Gemeinden gegründet. Typisch für die Herrnhuter war, dass sie Christengemeinde und Bürgergemeinde als Einheit sahen und deshalb eigene Siedlungen gründeten. Im Jahr 1806 entstand als eine solche Gründung der Ort Königsfeld und damit die erste Gemeindegründung der Herrnhuter im heutigen Baden-Württemberg. König Friedrich I. – der zum 1. Januar 1806 auf Geheiß von Napoleon vom Herzog zum König »befördert« worden war – genehmigte die Gemeindegründung. Als ein Name für den neuen Ort gesucht wurde, verlangte Friedrich I, dass dieser Ort »Königsfeld« genannt werde als Erinnerung an den Beginn seines Königtums.

Ideal war der Standort nicht, denn aufgrund der Lage auf 763 Meter über Meereshöhe sind die Winter in Königsfeld lang. Schon bald nach der Gründung des neuen Dorfes entwickelte es sich aber nicht zuletzt aufgrund des dort herrschenden Klimas zum Kurort. Königsfeld wurde gemäß der typischen Architektur einer Herrnhuter Siedlung mit einem großen Dorfplatz in der Mitte geplant, der wie ein Garten angelegt ist. Das wichtigste Gebäude direkt an diesem Dorfplatz war für die Herrnhuter der Kirchensaal. Dieser Begriff macht deutlich, dass die Herrnhuter dem Ort, wo sie ihre Gottesdienste feierten, keine sakrale Bedeutung gaben. Im Kirchensaal fanden auch andere Versammlungen der Gemeinde statt. Auch Theaterstücke wurden im Kirchensaal aufgeführt und Vorträge gehalten. Die Farbe Weiß prägt den Kirchensaal. Gegen die Dunkelheit soll sie die Freude in Christus ausdrücken Die Architektur ist geradlinig und schlicht gehalten. Auch die Gemeinschaftshäuser liegen direkt am Dorfplatz.

▲ Die Herrnhuter planten ihre Siedlungen mit einem großen Dorfplatz in der Mitte. ▼ Albert Schweitzer schätzte die Herrnhuter sehr und ließ sich in Königsfeld ein Haus bauen.

Die christliche Kinder- und Jugendbildung war den Herrnhutern immer wichtig. 1809 wurde in Königsfeld die Mädchenschule gegründet, 1813 die Knabenschule. Auch heute noch gibt es in Königsfeld die Zinzendorfschule. Zur Schule mit diversen Bildungsgängen gehört ein Internat, deshalb wird die Zinzendorfschule sowohl von Jungen und Mädchen aus Königsfeld als auch von Externen besucht.

Schon bald nach ihrer Gründung kamen viele Gäste in die Gemeinde Königsfeld. Dies waren anfangs vor allem pietistische Christen aus Württemberg, der Pfalz und der Schweiz. Königsfeld wurde zu einem Anziehungspunkt für Besucher von außerhalb. Offenbar spürten viele Menschen, dass ein Aufenthalt in Königsfeld wohltuend für Leib und Seele war. Schon ab 1815 gab es einen Arzt und eine Apotheke in Königsfeld – damals recht ungewöhnlich für eine kleine Gemeinde. Es entstanden Hotels und Sanatorien, die Schwarzwaldgemeinde entwickelte sich zum Kurort.

Die Trennung von Christengemeinde und Bürgergemeinde vollzog sich gegen Ende des 19. Jahrhunderts. Ein deutliches Merkmal dafür war, dass die Kirchengebäude mit den »Ausscheidungsurkunden« vom Eigentum der Bürgergemeinde getrennt wurden und in das Eigentum – damit aber auch in die Verantwortung – der Kirchengemeinden übergingen. In der Weimarer Reichsverfassung wurde festgelegt, dass das gesamte Schulwesen – auch die kirchlichen Schulen – unter Aufsicht des Staates stehen. In Königsfeld verlief die Entwicklung ähnlich in Richtung einer Trennung von Bürgergemeinde und Kirchengemeinde, äußerlich schon daran erkennbar, dass ein neues Rathaus und eine staatliche Schule gebaut wurden.

In Königsfeld steht das Haus, das Albert Schweitzer (1875–1965, der »Urwalddoktor«) 1923 für seine Frau und seine Tochter bauen ließ, als er wieder nach Lambaréné (Westafrika, im heutigen Gabun) zurückkehrte. Helene Schweitzer,die Ehefrau von Albert Schweitzer, litt an einer chronischen Lungenkrankheit. Deshalb konnte sie nicht längere Zeit in Afrika bleiben. Empfohlen wurde ihr das Klima in höheren Lagen im Schwarzwald. Für diesen Ort hätte er sich auch entschieden, so schrieb Schweitzer rückblickend, weil ihre Tochter Rhena in der Atmosphäre der Herrnhuter aufwachsen sollte. Bis 1934 besuchte Rhena die Zinzendorfschule und lebte, während ihre Mutter bei ihrem Vater in Afrika war, im zur Schule gehörenden Internat. Im ehemaligen Wohnhaus der Familie Schweitzer ist eine Ausstellung über die Lebensgeschichte von Albert und Helene Schweitzer eingerichtet.

In der Advents- und Weihnachtszeit ist der Herrnhuter Stern an vielen Orten zu sehen.

ROMANSHORN
autobau
www.autobau.ch
Catering

1811

Nach dem ersten württembergischen König benannt

Ob Friedrichshafen die bekannteste Stadt am Bodensee ist oder doch Konstanz, darüber kann man streiten. Klar ist freilich, dass Friedrichshafen später schon allein durch die Zeppeline weltbekannt wurde. Deren Geschichte kann man vor Ort besichtigen: Im ehemaligen Empfangsgebäude des Hafenbahnhofs befindet sich heute das Zeppelinmuseum.

Friedrichshafen entstand 1811, als die vormals freie Reichsstadt Buchhorn sich mit dem Dorf und Kloster Hofen zusammenschloss. Benannt wurde die neue Stadt nach dem württembergischen König Friedrich I. 1803 hatte Napoleon den württembergischen Herzog Friedrich Wilhelm Karl II. zum Kurfürsten ernannt. 1805 erhielt er von Napoleon auch die Königswürde, und so wurde aus Herzog Friedrich II. König Friedrich I. Württemberg erhielt nach dem Reichsdeputationshauptschluss weitere (meist katholische) Gebiete, sodass das Königreich Württemberg im Jahr 1806 beinahe doppelt so groß wurde, wie es das württembergische Herzogtum im Jahr 1803 war. Württemberg trat dem von Frankreich dominierten Rheinbund bei, und Napoleons jüngster Bruder Jérôme erhielt Katharina, die Tochter König Friedrichs I., zur Frau. Für die Soldaten des Königreichs Württemberg hatte dieses Bündnis mit Frankreich die Folge, dass 12 000 Württemberger 1812 mit den napoleonischen Truppen mit nach Russland zogen. Nur wenige hundert kamen zurück.

Die meisten Besucher erleben von Friedrichshafen vor allem die Uferpromenade beim ehemaligen Hafenbahnhof. Hier fahren die Fähren nach Romanshorn ab. Der 1933 eingeweihte Friedrichshafener Hafenbahnhof wurde bei den Luftangriffen 1944 schwer beschädigt. So blieben von der repräsentativen Fensterfront des Terrassensaals nur verbogene Eisenträger übrig. Das Gebäude wurde ab 1948 nach den alten Plänen wieder aufgebaut. 1976 wurde die Verladung von Eisenbahnwagen auf Fähren eingestellt, weil die Fahrt um den Bodensee herum günstiger wurde als der Transport übers Wasser. Vorne an der Hafeneinfahrt steht der im Jahr 2000 eröffnete Molenturm. Dies ist ein 22 Meter hoher, aus Metall gebauter Aussichtsturm.

Zwischen Friedrichshafen und Konstanz sind drei Katamarane unterwegs. »Ausflugsschiffe« sind die Katamarane erst in zweiter Hinsicht. Sie dienen vor allem dem öffentlichen Personennahverkehr und sind für Fußgänger die schnellste Verbindung zwischen Konstanz und Friedrichshafen.

Die Autofähre Friedrichshafen-Romanshorn bietet auch Platz für Fußgänger und Radfahrer.

1812

Psychiatrie und Brauerei

Im Reichsdeputationshauptschluss von 1803 wurde festgesetzt, dass deutsche Landesherren, die ihre linksrheinischen Besitzungen an Napoleon abgeben mussten, im Gegenzug geistliche Territorien säkularisieren und übernehmen durften. Das geschah so auch in Zwiefalten. Etwa 700 Jahre lang hatten dort zuvor Benediktinermönche gebetet und gearbeitet.

Nach der Aufhebung wurden einige Klöster (wie Reichenau, Rottenmünster und Weißenau) als Psychiatrien weiterverwendet. Auch die Klosteranlage in Zwiefalten wurde ab 1812 als »Königlich-Württembergische Heilanstalt« weiterbetrieben. Seitdem sind mehr als 200 Jahre vergangen, und im Laufe dieser Jahrhunderte hat sich in den Psychiatrien die Behandlung weiterentwickelt. Über die Therapien früherer Zeiten kann man sich im Zwiefaltener Psychiatriemuseum informieren. Obwohl viele damalige Methoden uns heute als grausam erscheinen, muss man feststellen, dass durch die Einrichtung solcher psychiatrischen Krankenhäuser die Patienten ärztlich behandelt und nicht nur einfach weggeschlossen oder gar in Ketten gelegt wurden. Die Klosterkirche, das »Zwiefalter Münster Unserer Lieben Frau«, ist eine große Barockkirche aus dem 18. Jahrhundert. Weithin sichtbar sind die zwei großen Türme mit Zwiebelhelm. Beeindruckend sind ebenso die Deckengemälde im Rokoko-Stil. In der Klosterkirche werden häufig Konzerte aufgeführt.

Der Platz vor der Klosterkirche verwandelt sich an schönen Sonntagen häufig zu einem Treffpunkt für Motorradfahrer. Der Motorradclub »MC Hayingen« hat sein Clubhaus direkt an diesem Platz.

Eine sehr lebendige Erinnerung an die Klosterzeit ist die bekannte Brauerei am Ort. Bier war für die Mönche wichtig: In der Fastenzeit war Trinken immerhin erlaubt. Also war es sinnvoll, ausreichende Mengen eines nahrhaften Getränkes herzustellen. Die Braukunst wurde in früheren Jahrhunderten tatsächlich vorwiegend in den Klöstern gepflegt. Auch der Name »Alpirsbacher Klosterbräu« erinnert daran, dass diese Brauerei einst zu einem Kloster gehörte, und ebenso wie in Zwiefalten auch nach Ende der Klosterzeit weitergeführt wurde.

Im barocken Zwiefaltener Münster werden auch häufig Konzerte aufgeführt.

1818

Landwirtschaftliches Erntedankfest

Inmitten des wilden Treibens beim Volksfest auf dem Cannstatter Wasen fällt die Fruchtsäule kaum auf. Vielleicht auch deshalb, weil sie sich im Gegensatz zu fast allem anderen auf dem Volksfest nicht bewegt. Die Autoscooter, die Karusselle, die »Wilde Maus« – alles blinkt und rotiert. Die langsamen Riesenräder auf beiden Stirnseiten des Platzes wirken dagegen schon regelrecht beruhigend.

Die Fruchtsäule hingegen bewegt sich gar nicht, und das schon lange, denn sie ist das älteste Element auf dem Volksfest. Ganz so alt wie das Volksfest selbst, nämlich aus dem Jahr 1818, ist das heutige Exemplar allerdings doch nicht. Die »aktuelle« Säule wurde 1972 gefertigt und aufgestellt. Mit ihren 26 Metern Höhe und auch in Form und Farbe wurde sie der Säule nachempfunden, die beim ersten Volksfest 1818 aufgestellt war. Das heutige Exemplar besteht außen aus lackiertem Holz, innen aus Stahl und wiegt 600 Kilogramm. Oben, weithin nach allen Seiten, sind Früchte zu sehen. Heute aus Kunststoff, 1818 aber war eine große Schale mit echten Früchten und Getreide angebracht, als Zeichen dafür, dass auf den Feldern wieder Nahrungsmittel wuchsen. Damals dauerte das Fest auch nur einen Tag. Zeitlich dehnte sich das Fest immer mehr aus, räumlich sowieso. Nach 1950 wurde zehn Tage lang gefeiert, seit 2007 17 Tage lang. Während Kriegs- und Nachkriegszeiten fand das Fest nicht statt, im Corona-Jahr 2020 auch nicht.

Im »Jahr ohne Sommer« 1816 war besonders in Süddeutschland auf den Feldern so wenig gewachsen, dass die Preise für Lebensmittel explodierten. Es kam zu Hungersnöten. Viele Deutsche wanderten nach Amerika aus. (Den Begriff Wirtschaftsflüchtling erfand man erst im 20. Jahrhundert.) Der Ausbruch des Vulkanes Tambora im heutigen Indonesien im April 1815 hatte enorm viel Staub in die Luft geschleudert. Weil der Staubnebel so hoch stieg – weit über die Höhen, in denen sich die Luft bewegt – wurde die Sonne dauerhaft verdunkelt. Insbesondere im Jahr 1816 hatte sich das Klima enorm verändert, weil das Licht und die Wärme der Sonne in viel geringerer Intensität als normal bis nach unten auf die Erde durchdrangen.

Das Cannstatter Volksfest wurde initiiert auch als landwirtschaftliches Erntedankfest, als es nach diversen schlimmen Jahren langsam wieder aufwärts ging. Am ersten Fest auf dem Wasen 1818 hatten 30 000 Menschen teilgenommen. Stuttgart hatte damals nur 3000 Einwohner. Geboten wurden Pferderennen und Preise für besonders wohlgeratene bzw. -gezüchtete Tiere.

In den Jahren vor der Corona-Krise kamen knapp 4 Millionen Menschen auf den Cannstatter Wasen. Seit dem ersten Fest auf dem Wasen, mit Ausnahme weniger Jahre ein Jahrhundert später, als man nach 1918 alles Monarchistische und damit auch die königliche Säule abschaffen wollte, stand immer eine Fruchtsäule inmitten des Volksfestes.

Die Fruchtsäule auf dem Cannstatter Volksfest erinnert an die Anfänge als Erntedankfest.

1820

Baubeginn für die Grabkapelle

Die Grabkapelle auf dem Württemberg ist aufgrund ihrer exponierten Lage weithin sichtbar. Wenn man auf der B 14 von Stuttgart in Richtung Waiblingen fährt, sieht man, bevor man im Kappelbergtunnel verschwindet, auf der Höhe rechts oben die Grabkapelle stehen. Sie liegt auf der Gemarkung des Stuttgarter Stadtteils Rotenberg, benannt nach dem Berg Rotenberg.

Die Grabkapelle wurde von 1820 bis 1824 nach den Plänen des italienischen Architekten Giovanni Salucci als Mausoleum für die württembergische Königin Katharina erbaut. Katharina Pawlowna (1788–1819), Großfürstin von Russland und Tochter des russischen Zaren Paul, war die zweite Ehefrau des Kronprinzen und seit 1816 Königs Wilhelm I. von Württemberg. Bevor die Grabkapelle ab 1820 auf dem Berg Rotenberg errichtet wurde, befanden sich an dieser Stelle noch Reste der verfallenen Burg Wirtemberg. Der Vorgängerbau gilt als Stammsitz des Hauses Württemberg. Von Giovanni Salucci stammen auch die Pläne für das Wilhelmspalais in Stuttgart sowie für das Schloss Rosenstein.

Als Katharina 1816 württembergische Königin wurde, litten durch die Folgen der napoleonischen Kriege und des »Jahres ohne Sommer« viele Menschen in Württemberg Hunger. Königin Katharina erreichte viel, um deren Leben zu verbessern: Sie war beteiligt an der Gründung des »Zentralen Wohltätigkeitsvereins«, an der Gründung des Katharinenhospitals und der der Württembergischen Landessparkasse. Nach außen hin war das Königspaar gemeinsam engagiert für sein Land. Dennoch hatte Wilhelm außereheliche Liebschaften.

Katharina sei an den Folgen einer Krankheit gestorben, die sie sich während einer Fahrt im Winter in einer offenen Kutsche zugezogen hatte. Mit dieser Kutsche fuhr sie von Scharnhausen zurück, nachdem sie ihren Mann dort mit seiner Mätresse erwischt hatte. Als Inschrift über dem Hauptportal des Grabmales für seine früh verstorbene Frau ließ König Wilhelm I. anbringen: »Die Liebe hört nimmer auf.« Auf der Ostseite, also der Rückseite des Mausoleums steht: »Seiner Vollendeten / Ewig Geliebten Gemahlin / Catharina Paulowna / Grosfürstin von Russland / hat / diese Ruhestätte Erbaut / Wilhelm / König von Württemberg / im Jahr 1824.« Ob er damit sein schlechtes Gewissen beruhigen wollte oder ob er – trotz seiner Affären – immer Liebe für Katharina empfand, ist nicht bekannt. Immerhin ordnete König Wilhelm an, dass er selbst ebenfalls in dieser Grabkapelle bestattet werden solle. Dies geschah auch so 1864. Ebenso wurde die gemeinsame Tochter des Königspaars, Marie Friederike Charlotte (1816–1887), hier beigesetzt.

Im 19. Jahrhundert diente die Grabkapelle als orthodoxes Gotteshaus, da Königin Katharina im orthodoxen Glauben aufgewachsen war und auch als württembergische Königin weiterhin zur orthodoxen Kirche gehörte. Auch heute noch wird jeweils am Pfingstmontag in der Grabkapelle ein orthodoxer Gottesdienst gefeiert.

Errichtet wurde die Grabkapelle an der Stelle der zuvor abgerissenen Burg Wirtemberg, der Stammburg des Hauses Württemberg.

In diesem Gefecht fiel von den Regierungstruppen
der Führer Freiherr von Gagern und vom Karlsruher
Leibregiment der Grenadier Philipp Roll
Von den Aufständischen unter Friedrich Hecker fielen
J. Bauer
J. Heinberger
M. Holzhauser
J. Nägele
F. Ritter
F. Schwerler
A. Sulzer
Th. Weißenberger
und zwei Unbekannte

1848

Gescheiterte Revolution im Großherzogtum

1848 kam es am Scheideckpass (zwischen Kandern und Weitenau, an der heutigen Landesstraße L 135) zu einem Gefecht zwischen den badischen Revolutionären und Truppen des Deutschen Bundes. Ein Gedenkstein erinnert daran, dass hier der Traum von der Republik durch die Kugeln der Bundestruppen zerstört wurde.

Möglicherweise war es die Nähe zu Frankreich, die dazu führte, dass in der ersten Hälfte des 19. Jahrhunderts viele Badener eine Vision von einem neuen Staat mit freien Bürgern hatten. Gefordert wurde die Aufhebung der Privilegien des Adels, die Befreiung der Bauern, Pressefreiheit und auch die Vereinigung der Kleinstaaten zu einem einheitlichen deutschen Vaterland. In den Jahren vor 1848 wurde das Großherzogtum Baden zu einem regelrechten Motor der Revolution. Am deutlichsten wurde dies im sogenannten Heckeraufstand vom 13. bis 27. April 1848, als mehrere hundert bewaffnete, demokratisch gesinnte Bürger von Konstanz nach Karlsruhe ziehen wollten, um dort die großherzogliche Regierung zu stürzen.

Der Zeitpunkt war kein Zufall: In der Frankfurter Paulskirche waren am 31. März 1848 erstmals Vertreter der deutschen Länder und Reichsstädte zusammengekommen, um Wahlen für eine verfassungsgebende Nationalversammlung vorzubereiten. Diese Vorgänge beflügelten auch die Revolution in Baden. In Konstanz hatten Friedrich Hecker und Gustav Struve die Republik ausgerufen.

Bei Kandern aber wurde der Zug von Truppen des Deutschen Bundes geschlagen. Der Zug der Aufständischen umfasste etwa 1200 Mann, die teilweise nur mit Sensen bewaffnet waren. Die Bundestruppen hatten etwa 2200 Mann. Beide Seiten hätten noch versucht, ein Gefecht zu vermeiden, indem die jeweiligen Gegner zum Aufgeben bzw. zum Überlaufen aufgefordert wurden. Der Befehlshaber der Truppen des Deutschen Bundes Friedrich von Gagern stand deshalb in vorderster Linie und starb, als das Gefecht begann.

Obwohl die Revolutionäre gescheitert waren, wurde der Heckerzug sehr bekannt, und es bildeten sich diverse Mythen um diesen Revolutionär. Friedrich Hecker, vormals Rechtsanwalt, emigrierte in die USA. Im dortigen Sezessionskrieg (1861–1865) wurde er Offizier in den Truppen der Nordstaaten.

Im 19. Jahrhundert konnten sich weder in Deutschlands Südwesten noch andernorts in den deutschen Territorien die Ideen der Französischen Revolution durchsetzen. Die Reichsgründung 1871 fand »von oben« statt. Das Ende der Macht des Adels kam in Deutschland erst nach 1918.

▲ Der Ort Kandern heute. ▼Gedenkstein für einen Grenadier und zehn Revolutionäre, die im Gefecht auf der Scheideck bei Kandern am 20. April 1848 getötet wurden.

1850

Preußisches Wahrzeichen mitten in Württemberg

Von der B 27 aus, im Abschnitt zwischen Tübingen und Balingen, ist weithin die Burg auf dem 855 Meter hohen Bergkegel sichtbar. Die heutige ist die dritte Burg auf dem Zollernberg. Baubeginn war 1850, vollendet wurde die im neugotischen Stil erbaute Burg im Jahr 1867.

Die Hohenzollern residierten schon jahrhundertelang in Berlin, als Friedrich Wilhelm IV. seinen Traum verwirklichte, am Ursprungsort des Hauses Hohenzollern, auf dem Zollernberg bei Bisingen nahe Hechingen, wieder eine Burg errichten zu lassen. Praktische Gründe gab es dafür keine. Burgen hatten angesichts der damaligen Entwicklung der Artillerie keinen militärischen Wert mehr. Auch hatten die preußischen Könige (bzw. ab 1871 die deutschen Kaiser) keinerlei Interesse daran, wieder im Südwesten Deutschlands zu wohnen. Bewohnt in diesem Sinne wurde die Burg Hohenzollern erst nach dem Zweiten Weltkrieg, als den Nachkommen der Preußenkönige kein standesgemäßes Gebäude mehr geblieben war, weil ihre anderen Residenzen nun in der sowjetischen Besatzungszone lagen. Wilhelm Prinz von Preußen, Sohn des 1918 abgedankten Kaisers, wohnte nach dem Zweiten Weltkrieg kurzfristig in der Burg Hohenzollern. Genutzt wurde die Burg auch für die Unterbringung früherer Hohenzollernherrscher: Die Sarkophage der Preußenkönige Friedrich-Wilhelm I. (»der Soldatenkönig«) und Friedrich II. (»der Große«) fanden ihren Platz in der evangelischen Christuskapelle in der Burg Hohenzollern, bis sie nach der Wiedervereinigung 1991 nach Potsdam überführt und am Schloss Sanssouci bestattet wurden.

Da die jetzige Burg Hohenzollern für eine Burg relativ neu ist und nie zerstört wurde, steht sie genau so da, wie sie 1867 als Repräsentationsbau der preußischen Könige vollendet wurde. Die Burg zeugt daher von der in der Romantik üblichen Verklärung der Vergangenheit. Die Burg ist ein steinernes Ritterspiel. »Gesichert« ist sie wie in den Jahrhunderten zuvor mit Türmen und Zinnen. Durch ihren Rampenturm konnten Reiter bis nach oben in den Burghof gelangen, ohne vom Pferd abzusteigen. Bei einer Führung erfährt man viel über die Geschichte der Hohenzollern. Ausgestellt ist auch der Waffenrock von Friedrich dem Großen, in dem ihm die Schnupftabakdose in der Schlacht von Kunersdorf 1759 das Leben gerettet hat, weil eine Gewehrkugel daran abgeprallt sein soll. Ebenfalls zu sehen ist die Kaiserkrone von Wilhelm II. sowie weitere Erinnerungsstücke.

Trotz Zinnen und Türmen – eine militärische Funktion hatte die Burg nie. Sie diente den preußischen Königen als Repräsentationsbau.

Eine erste Burg auf dem Zollernberg, also die Stammburg des Hauses Hohenzollern, wurde 1267 erstmals urkundlich erwähnt, sie existierte aber wohl schon im 11. Jahrhundert. Schon in dieser Epoche verlagerte sich das politische Wirken der Zollern (der Begriff »Hohenzollern« für dieses Adelsgeschlecht kam erst im 14. Jahrhundert auf) von der Burg bei Hechingen zunächst nach Nürnberg. Als der Nürnberger Burggraf Konrad II. von Raabs ohne männliche Nachkommen 1190 starb, trat sein Schwiegersohn Friedrich I. von Zollern seine Nachfolge an. Den Zollern als Burggrafen von Nürnberg gelang es in den folgenden zwei Jahrhunderten, ihr Territorium erheblich zu vergrößern. Einem späteren Nachfolger des ersten Hohenzollern als Burggraf von Nürnberg, Friedrich VI., wurde 1415 – während des Konstanzer Konzils – von Kaiser Sigismund die Mark Brandenburg übertragen. Damit begann der Aufstieg der Hohenzollern zu Herrschern in Brandenburg, später Preußen, und ab 1871 zu deutschen Kaisern.

Andere, offensichtlich weniger einflussreiche Angehörige des Hauses Zollern blieben dagegen auf der Burg. Aber auch hier setzte sich das Wirken der Hohenzollern fort, freilich mit eher regionaler Bedeutung. 1423 wurde die (erste) Burg auf dem Zollernberg vom Bund der schwäbischen Reichsstädte zerstört.

Baubeginn für die neue (zweite) Burg war 1454. Das heißt, die Herren von Zollern hatten weiterhin großes Interesse an ihrem Stammsitz bei Hechingen, obwohl der einflussreichste der Hohenzollern dieser Zeit, Friedrich II. von Brandenburg, damit Kurfürst und somit einer der obersten Fürsten im Heiligen Römischen Reich deutscher Nation war.

Die zweite Burg auf dem Zollernberg wurde dann im Dreißigjährigen Krieg belagert und eingenommen, aber nicht zerstört. Ihre Bewohner erhielten freien Abzug. Diese Burg kam später in Besitz der Habsburger, wurde im österreichischen Erbfolgekrieg 1744/45 von den Franzosen besetzt, und später, nach deren Abzug, wieder von Vorderösterreich übernommen, dann aber aufgegeben. Anfang des 19. Jahrhunderts existierten nur noch Ruinen.

1819 habe Friedrich Wilhelm, damals noch Prinz und ab 1840 als Friedrich Wilhelm IV. König von Preußen (»der Romantiker auf dem Thron«), beim Anblick dieser Ruinen beschlossen, den Stammsitz seiner Vorfahren wieder aufbauen zu lassen. Der Hintergrund war auch der, dass Preußen nach der Niederlage gegen Napoleon und nach seiner Wiederherstellung im Wiener Kongress sein »Glanz und Gloria« wieder aufleben lassen wollte. Die Abdankung des Kaisers und auch die Neuordnung des Landes Baden-Württemberg, d. h. die Eingliederung des Landes Württemberg-Hohenzollern in das Bundesland Baden-Württemberg, änderten nichts an den Eigentumsverhältnissen an der Burg Hohenzollern. Eigentümer der Burg sind zu zwei Dritteln die preußische Linie der Hohenzollern und zu einem Drittel die Sigmaringer Linie.

Friedrich II. (der Große; 1712–1786) war von 1740 bis zu seinem Tod König von Preußen. Skulptur von Erdmann Encke auf der Burg Hohenzollern.

1864

Größte Behinderteneinrichtung in Südwestdeutschland

Die heutige Diakonie Stetten entstand wie fast alle diakonischen Unternehmen im 19. Jahrhundert aufgrund der privaten Initiative einzelner Christen. Gegründet wurde die Einrichtung 1849 in Riet bei Vaihingen/Enz. Drei Jahre später erfolgte der Umzug nach Winterbach im Remstal. 1864 zog die Einrichtung nach Stetten um, als sie vom württembergischen Königshaus für 49 000 Gulden das dortige Schloss kaufte.

Noch heute hat die Diakonie Stetten ihren Hauptsitz im Schloss, es ist inzwischen aber nur eines von sehr vielen Gebäuden in Stetten, die von der Diakonie genutzt werden. Die Wohnheime und weiteren Einrichtungen der Diakonie Stetten sind inzwischen auf sehr viele Orte verteilt. Die Diakonie Stetten ist heute die größte Behinderteneinrichtung in Baden-Württemberg. Ihre Kernkompetenz ist die Betreuung von Menschen mit sehr schweren bzw. mit Mehrfachbehinderungen.

Der älteste Teil des heutigen Schlosses in Stetten im Remstal, der Bonn'sche Bau, stammt aus dem 16. Jahrhundert. 1516 wurde der heute noch bestehende markante Treppenturm angefügt. 1666 kam das Schloss Stetten in den Besitz des württembergischen Herzogshauses. Im 18. Jahrhundert lebte zeitweilig Wilhelmine von Grävenitz, die Mätresse von Herzog Eberhard Ludwig, im Stettener Schloss. »Die Grävenitz« war in den ehrbaren Kreisen in Württemberg sehr unbeliebt, nicht nur wegen ihres ehebrecherischen Verhältnisses zum Herzog, sondern auch, weil sie durch ihre 24 Jahre dauernde Affäre erheblichen politischen Einfluss hatte und diesen zugunsten ihrer Familie nutzte. Bekannt ist eine Anekdote, die jedoch nicht historisch belegt ist: Auf ihren Wunsch, dass ihrer im Gebet im Gottesdienst namentlich gedacht werden solle, hätte der Tübinger Prälat Johannes Osiander geantwortet, dass dies bereits geschehe, nämlich in der Bitte im Vaterunser: »Und erlöse uns von dem Übel.«

Ein Gebäude in Stetten wurde in dunkler Zeit zu einem Licht in der Finsternis: In Stetten nahm die Pfarrfrau Hildegard Spieth Juden in ihr Pfarrhaus auf. Ihr Mann war in dieser Zeit im Krieg, und die erst 24-jährige Frau beteiligte sich, obwohl sie ein kleines Kind hatte, an der »Pfarrhauskette«. Mehrere württembergische Pfarrer hatten sich in eigener Initiative ein System überlegt, Juden für mehrere Tage oder Wochen in ihr Pfarrhaus aufzunehmen, um sie dann an einen anderen Pfarrer »weiterzureichen«. Da dies nie unbeobachtet blieb, wurden diese Gäste gegenüber neugierigen Nachbarn als Verwandte oder als Ausgebombte bezeichnet. Durch diese Unterstützung gelang es mehreren Juden, die NS-Zeit zu überleben. Bekannt wurde dieses System durch das Buch des Juden Max Krakauer, der zusammen mit seiner Frau Ines durch die Unterstützung der »Pfarrhauskette« die NS-Zeit überlebte und später die einzelnen Stationen und die Menschen beschrieb, die ihn und seine Frau vor der Gaskammer gerettet hatten.

Die Yburg wacht über den kleinen Ort Stetten im Remstal.

PHOENIX
ADAC
Fulda

1880

Frühe Industrieansiedlung

Die Firma NSU ist Älteren noch gut bekannt, vor allem durch ihre berühmten Autos »Prinz« und »Ro 80«. NSU war ein namhafter Produzent von Autos, Motorrädern, Fahrrädern und Nähmaschinen. Im ehemaligen Deutschordensschloss in Neckarsulm ist ein Museum für die Fahrzeuge aus dem Hause NSU eingerichtet.

Die Firma wurde 1873 von Christian Schmidt und Heinrich Stoll gegründet und 1880 nach Neckarsulm verlegt. In den 1950er-Jahren waren die NSU Motorenwerke der Motorradhersteller, der weltweit die meisten Zweiräder verkaufte. Dies änderte sich, als immer mehr Motorräder aus Japan importiert wurden. Von allen deutschen Motorradfirmen überlebte nur BMW in München. 1969 fusionierte NSU mit der Auto Union AG, der Markenname NSU blieb aber erhalten. Die Audi NSU Auto Union AG kürzte im Jahr 1985 ihren Namen auf Audi, und der Markenname NSU verschwand endgültig.

Angefangen hatte der Betrieb mit der Produktion von Nähmaschinen. Dann wurden auch Fahrräder hergestellt, schon ab 1901 auch Motorräder und später Autos. Das bekannteste Auto aus diesem Haus ist wohl der »NSU Prinz«. 1958 begann die Produktion dieses Kleinwagens. Dessen Motor hatte anfangs eine Leistung von 20 PS, der »Prinz« fuhr damit 105 Stundenkilometer schnell. In der einfachen Version kostete der »Prinz« damals 3739 Deutsche Mark. In verschiedenen Versionen wurde der »Prinz« bis 1973 gebaut. Sehr bekannt wurde auch der »Ro 80« mit seinem Wankelmotor. Statt wie bei herkömmlichen Verbrennungsmotoren bewegt sich beim Wankel- oder Kreiskolbenmotor der »Kolben« in Dreiecksform nicht auf und ab im Zylinder, sondern in einem speziellen Gehäuse kontinuierlich im Kreis. Dieses Auto der gehobenen Klasse wurde von 1967 bis 1977 hergestellt. Mit 115 PS war der Ro 80 für die damalige Zeit sehr leistungsstark. Dieser neue Antrieb war sehr innovativ, bewährte sich aber nicht und wurde auch in keinem anderen Autotyp mehr verwendet.

▲ Das Deutschordensschloss in Neckarsulm beherbergt heute das Deutsche Zweirad- und NSU-Museum. ▼ Die Abkürzung »NSU«, eine einst legendäre Auto- und Motorradmarke, steht für die Stadt Neckarsulm.

1833

Schloss wird Krankenhaus

An der Stelle, an der das heutige Schloss gebaut wurde, stand seit 1288 ein Haus des Deutschen Ordens. Die Ordensritter waren für den Schutz der Pilger zuständig. Die Schlosskirche Winnenden mit ihrem Jakobusaltar war und ist auch heute noch eine Station auf dem Pilgerweg nach Santiago di Compostela. In der Schlosskirche befindet sich ein berühmter holzgeschnitzter Altar aus dem 16. Jahrhundert, in dem Jakobus abgebildet ist.

Das Schloss Winnental ging 1665 vom Deutschen Orden in den Besitz der Herzöge von Württemberg über. In dieser Epoche wurde das Klinikum Schloss umgebaut und erweitert. Die heutige Form des Schlosses, in welchem das Zentrum für Psychiatrie untergebracht ist, entstammt weitgehend dieser Zeit.

Ab 1813, unter der Regentschaft des württembergischen Königs Friedrich I., wurde das Schloss als Kaserne genutzt und dafür umgebaut. Untergebracht wurde im Schloss das »Kavallerie-Regiment Nr. 3 Jäger Herzog Louis« mit 188 Pferden, d. h. es musste auch Platz für viele Pferde geschaffen werden. Diese Nutzung als Garnisonsstandort dauerte nicht lange, denn nach Napoleons Niederlage bestand für das Königreich Württemberg kein Bedarf mehr an Winnenden als Militärstandort.

Mit der Klinik in Zwiefalten wurde ab 1811 der erste Versuch unternommen, Menschen mit psychischen Erkrankungen nicht nur wegzusperren, sondern sie mit den damals bekannten Möglichkeiten zu heilen. Die Kapazitäten der Klinik Zwiefalten reichten bald nicht mehr aus, und so wurde 1833 das Schloss Winnental als weiterer Standort für ein Krankenhaus dieser Art ausgesucht. Ausschlaggebend war neben dem Gebäude selbst einerseits die direkte Nähe zu einer Stadt, weil es durch die geringe Entfernung einfacher war, die Verpflegung und andere Versorgungsleistungen für die Kranken zu organisieren. Andererseits sollte die neue »Irrenanstalt« nicht allzu weit von der Landeshauptstadt entfernt liegen, auch das sprach für Winnenden.

König Wilhelm I. verkaufte 1831 das Schloss Winnental, das sich bis dahin im Privatbesitz des Hauses Württemberg befunden hatte, für 30 000 Gulden an das Königreich Württemberg, damit es künftig als Nervenheilanstalt genutzt werden konnte. Durch umfangreiche Umbauten wurde das Schloss für die Bedürfnisse von etwa 100 Patienten eingerichtet. Heute ist das Zentrum für Psychiatrie Winnenden ein modernes psychiatrisches Krankenhaus mit 590 Betten. Ein enormer Vorteil für den Ausbau des Krankenhauses war der große Schlosspark, in dem diverse neue Gebäude errichtet werden konnten, wobei der Charakter eines Parks erhalten blieb.

Schon damals befand sich in unmittelbarer Nähe des Schlosses Winnental die Paulinenpflege. Diese Einrichtung wurde 1823 vom Winnender Pfarrer Friedrich Jakob Heim gegründet. Der Name geht zurück auf die dritte Frau des württembergischen Königs Wilhelm I. Sie erlaubte der neu gegründeten evangelischen Einrichtung in Winnenden, ihren Namen zu führen und unterstützte ihre Arbeit auch finanziell. Schon bald »spezialisierte« sich die Paulinenpflege Winnenden auf die Bedürfnisse von gehörlosen Menschen.

▲ Stadt und Schloss Winnenden von oben. ▼ Der sehr weitläufige Park rund um das Schloss ist frei zugänglich.

1869

»Der schönste Turm auf Erden«

Der Kunsthistoriker Jacob Burckhardt verglich 1869 in einem Vortrag das Freiburger Münster Unserer Lieben Frau mit den ihm baugeschichtlich eng verbundenen Kirchenbauten in Basel und Straßburg. Seine Einschätzung zum Westturm, »Freiburg wird wohl der schönste Turm auf Erden bleiben«, wird heute oftmals – poetischer, aber auch ein wenig bescheidener – wiedergegeben als »der schönste Turm der Christenheit«. Ein architektonisches Meisterwerk ist er allemal.

Der sich wie eine Pyramide nach oben verjüngende, durchbrochene Turm ist 116 Meter hoch. Der Turm an der Westseite des Freiburger Münsters war einer der ersten gotischen Türme im deutschen Sprachraum und diente wohl für die Türme gotischer Kirchen, die später gebaut wurden, als Vorbild.

Baubeginn für das Freiburger Münster war im Jahr 1200. Um diese Zeit wurde noch in romanischer Manier mit Rundbögen, bald aber im gotischen Stil mit Spitzbögen gebaut. Einige wenige Bauteile der Kirche wie das Querschiff und die unteren Teile der Seitenschiffe wurden noch im romanischen Stil errichtet. Auch über dem Portal an der Nordseite befindet sich ein typisch romanisches Bogenfeld. Die meisten Teile der Kirche, insbesondere der alles beherrschende Turm auf der Westseite, wurden im damals »modischen« gotischen Stil erbaut. Abgeschlossen wurde der Bau des Gotteshauses nach diversen Verzögerungen erst im Jahr 1513. Der heutige Dom ist weitgehend original erhalten. Erstaunlicherweise überstand das Gotteshaus den verheerenden Bombenangriff auf Freiburg vom 27. November 1944, obwohl die meisten der Gebäude rund um das Münster zerstört wurden.

Sehr bekannt – und heute durchaus kritisch kommentiert – sind die beiden Statuen »Ecclesia« und »Synagoge« in der Eingangshalle vor dem Hauptportal. Sie stehen für das Christentum und das Judentum. Die Augen der Synagoge sind mit einer Augenbinde verdeckt – Zeichen dafür, dass sie die Wahrheit nicht sieht, weil sie blind ist. Derlei steingewordene Zeichen der Verachtung der Juden durch die Christen findet man nicht nur in Freiburg: Die allegorischen Figuren Ecclesia und Synagoge kommen ebenso am Straßburger Münster, am Bamberger Dom, an der Kathedrale in Metz und an der Liebfrauen-Basilika in Trier vor. Luther hat die schon im Mittelalter vorhandene Judenfeindschaft aufgenommen und mit seiner Schrift »Von den Juden und ihren Lügen« auf die Spitze getrieben.

Die steinernen Relikte solchen Denkens mit seinen häufig tödlichen Konsequenzen erhält man heute in ihrer Eigenschaft als Mahnmäler. Das heutige Freiburg präsentiert sich schon lange als weltoffene Stadt.

Durch den Bau vieler Radwege wurde das Verkehrsmittel Fahrrad in der Stadt an der Dreisam sehr gefördert mit dem Ergebnis, dass in der Innenstadt der Autoverkehr deutlich zurückging zugunsten dieses umweltfreundlichen und nur Kalorien verbrauchenden Verkehrsmittels.

▲ Das Freiburger Münster ist ein architektonisches Meisterwerk. ▼ Statuenschmuck an der Fassade des Münsters.

1885

Das erste Automobil

Mannheim ist der Geburtsort des Automobils. Carl Benz gründete 1871 in Mannheim eine mechanische Werkstätte. In dieser Werkstatt baute er 1885 seinen dreirädrigen Motorwagen, den er 1886 als »Fahrzeug mit Gasmotorenbetrieb« zum Patent anmeldete.

Der Einzylinder-Viertaktmotor hatte eine Leistung von knapp einem PS. Damit erreichte das Fahrzeug eine Höchstgeschwindigkeit von etwa 16 Stundenkilometern. Das Originalexemplar des Motorwagens – in der Werkstatt von Carl Benz entstand nur ein einziges Stück – steht heute im Deutschen Museum in München. Es wurden zahlreiche Exemplare nachgebaut.

Carl Benz ist aber nicht der Erfinder des Viertaktmotors, sondern des Automobils. Der benzingespeiste Verbrennungsmotor wurde von Nicolaus August Otto entwickelt, daher der Name Ottomotor. Stationäre Ottomotoren gab es damals schon seit zehn Jahren. Einen Motor stationär zu verwenden ist einfacher als in einem Fahrzeug: Man muss nicht auf das Gewicht achten, und als Kühlung kann man den Motor einfach an eine Wasserleitung anschließen.

Gottlieb Daimler hatte 1885 in Cannstatt seinen »Reitwagen«, ein Zweirad mit Ottomotor fertiggestellt, 1886 einen Schiffsantrieb mit Ottomotor, der in einem Boot auf dem Neckar getestet wurde. In der Entwicklung eines Automobils, eines mehrspurigen Fahrzeugs, war Carl Benz jedoch Gottlieb Daimler zuvorgekommen. Benz baute sein erstes selbstfahrendes Fahrzeug als Dreirad, weil das parallele Lenken zweier Vorderräder ihm damals noch als zu schwierig erschien. Bei der bei Kutschen üblichen Drehschemellenkung müssen die Vorderräder nicht einzeln gedreht werden, sondern die Pferde ziehen mittels der Deichsel die gesamte vordere Achse in die gewünschte Richtung. Bereits 1893 hatte Benz dieses Problem gelöst und ließ sich die von ihm entwickelte Achsschenkellenkung patentieren. Durch Carl Benz entwickelte sich Mannheim zur Fahrzeugschmiede: Um 1900 wurden in Mannheim weltweit die meisten Automobile gebaut.

Ebenfalls im Jahr 1886 hatte Robert Bosch in Stuttgart seine Werkstätte für Feinmechanik und Elektrotechnik eröffnet. Bereits 1887 wurden in seiner Werkstatt auch Magnetzünder für Automobile entwickelt. 1901 entwickelte der Bosch-Mitarbeiter Arnold Zähringer die Zündkerze, die auch bei schnelllaufenden Motoren, d. h. bei Drehzahlen über 1000 Umdrehungen pro Minute, den Zündfunken liefern konnte. Damit war ein weiteres Problem im Automobilbau gelöst – und Bosch wurde zu einem wichtigen Zulieferer für die Automobilindustrie.

Im Landesmuseum »Technoseum« in Mannheim wird auf sechs Ebenen mit rund 10 000 Quadratmetern Ausstellungsfläche die technische und die soziale Entwicklung vom 18. Jahrhundert bis zur Gegenwart dargestellt.

1905 verlegte Carl Benz seine Produktion nach Ladenburg. Im historischen Fabrikgebäude in Ladenburg wurde im Jahr 2005 eine Ausstellung eingerichtet, die vor allem aus Fahrzeugen des Sammlers Winfried A. Seidel besteht. Es ist wohl das einzige Fahrzeugmuseum, das in den Räumen eingerichtet wurde, in welchen ein großer Teil der etwa 70 darin ausgestellten Fahrzeuge einst hergestellt wurde.

Carl Benz verwendete nicht nur Kutschenelemente, sondern auch Fahrradbauteile für seinen dreirädrigen Motorwagen.

1887

Eisenbahnlinie durch das Höllental

Das Höllental ist das Tal des Rotbachs (im Oberlauf Höllenbach genannt) zwischen Hinterzarten und Freiburg im Breisgau. Das Tal ist sehr bekannt, weil die stark befahrene Bundesstraße B 31 von Donaueschingen nach Freiburg hier verläuft. Sehr eindrucksvoll sind die Serpentinen und die Kehrkurve bei Höllsteig westlich von Hinterzarten. Zwar ist die Bundesstraße gut ausgebaut, die Verkehrsbelastung durch den Fern- und Schwerlastverkehr ist dennoch immens hoch.

Wegen des autobahnähnlichen Verkehrsaufkommens gibt es Überlegungen, die Kehren bei Höllsteig durch einen Tunnel zu ersetzen. Ob dies tatsächlich jemals realisiert wird, ist unklar. Da das Höllental das einzige größere Tal ist, welches den Südschwarzwald auf dieser Höhe in Ost-West-Richtung durchzieht, wurde es schon im Mittelalter als Verkehrsweg genutzt. Auch der Brautzug von Maria Antonia im Jahr 1770 mit 57 Kutschen nahm wohl diesen Weg, um die 14-jährige österreichische Prinzessin zu ihrem künftigen Gemahl Ludwig XVI. von Frankreich zu bringen. (Sie erhielt später den Namen Marie Antoinette – und wurde ebenso wie ihr Mann im Zuge der Französischen Revolution hingerichtet.)

1887 wurde durch das Höllental eine Eisenbahnlinie gebaut. Von 268 Metern über Meereshöhe in Freiburg erklimmt die Bahn in 25,5 Kilometern die Höhe von 885 Metern in Hinterzarten. Zeitweilig gibt es Steigungen von 5,7 Prozent. Dies ist die größte Steigung von Gleisen einer Hauptbahn in Deutschland. Anfangs waren hier wegen der großen Höhenunterschiede Zahnradbahnen unterwegs.

An der Engstelle des Tales zwischen den Orten Hirschsprung und Falkensteig ist an der südlichen Seite des Tales hoch oberhalb der Straße ein aus Bronze hergestelltes überlebensgroßes Modell eines Hirsches angebracht. Dieses Denkmal wurde 1907 aufgestellt. Schon vorher standen hier vergleichbare Hirsch-Darstellungen aus Holz. Dieses Denkmal erinnert an die Sage, dass ein Hirsch an dieser Stelle auf der Flucht vor Jägern über das Tal hinweg auf die andere Seite der Schlucht gesprungen sei. Der Hirsch aus Bronze wurde im Jahr 2010 mit einem Autokran von seinem Standplatz entfernt, restauriert und wieder an dieser Stelle aufgestellt. Die Erneuerungsmaßnahmen waren auch deshalb nötig, weil das Modell diverse Einschusslöcher hatte. Offenbar gab es Jäger, die einen unbeweglichen Hirsch als Zielobjekt bevorzugten. An der Höllentalstraße befindet sich die Ruine Falkenstein und nicht weit davon entfernt die Ruine Bubenstein. Von beiden Bauwerken sind nur noch Mauerreste erhalten.

Der spektakuläre Ravennaviadukt führt die Eisenbahn über die Ravennaschlucht.

1890

Lebendige Militärgeschichte in der Provinz

Gebaut wurde die heute so genannte »Sauschwänzle«-Bahn aus militärischen Gründen. Im Krieg 1870/71 hatte Deutschland Frankreich besiegt. Es war der erste Krieg, in dem in Deutschland die Eisenbahn als Transportmittel für Soldaten und Kriegsmaterial genutzt wurde. Das bis dahin übliche »Marschieren« über sehr lange Strecken war nicht mehr notwendig.

Im Kaiserreich ging man davon aus, dass noch weitere Kriege gegen Frankreich folgen würden. Die Eisenbahnstrecke sollte dazu dienen, im Kriegsfall Soldaten und Kriegsgerät an die französische Grenze zu bringen. Das Terrain war allerdings alles andere als geeignet für den Bau einer Bahnlinie. Aufgrund der enormen Höhenunterschiede im Verlauf der Bahnstrecke musste man Kehrtunnel bauen, also Stollen in den Berg hauen, in denen die Züge in ansteigenden Kreisen fuhren, nur um Höhenmeter zu gewinnen. Die Brücken wurden so dimensioniert, dass man auf die Waggons auch die schwersten Kanonen mit einem Gewicht von 140 Tonnen verladen konnte.

Die weiteren Kriege mit Frankreich fanden tatsächlich statt, nur die Wutachtalbahn wurde dafür nicht gebraucht. Die Bahnstrecke diente dem regulären Verkehr, wurde aber in der eher menschenleeren Gegend schon 1955 stillgelegt. Ab 1962 wollte die neu gegründete Bundeswehr die Wutachtalbahn erneut in ihre Kriegsspiele mit einbeziehen und ließ Gleise, Tunnel und Brücken wieder in Ordnung bringen. Züge mit Panzern und Kanonen rollten hier erfreulicherweise trotzdem keine, sinnvoll angelegt war dieses Geld aber insofern, als auf den renovierten Gleisen seit 1976 Museumszüge unterwegs sind. Am Bahnhof am Teilort Blumberg-Zollhaus herrscht an schönen Wochenenden im Sommer viel Betrieb. Zum Bahnhof gehört ein Eisenbahnmuseum und ein historisches Reiterstellwerk. Für Eisenbahnenthusiasten – im Insiderjargon »Pufferknutscher« genannt – gibt es hier sogar die Möglichkeit standesamtliche Hochzeiten zu feiern.

Die Eisenbahnstrecke verläuft von Hintschingen (zwischen Donaueschingen und Tuttlingen) bis Lauchringen bei Waldshut-Tiengen. Die größten Höhenunterschiede – und folglich auch die spektakulärste Bauweise – liegen auf der Strecke zwischen Blumberg-Zollhaus und dem Ort Weizen. Genau auf diesem Abschnitt sind heute Nostalgiezüge mit Dampflokomotiven unterwegs.

▲ Der Epfenhofener Viadukt mit Museumsbahn. ▼ Die Karte des mittleren Teils der Sauschwänzle-Bahn zeigt deutlich, woher der Name kommt.

Richtung Donaueschingen
DEUTSCHLAND
Richtung Geisingen, Tuttlingen
Wutach
Blumberg
Bahnhof Zollhaus-Blumberg
km 0 - 702 m ü.N.N.
Buchberg-Tunnel
805,5 m
Besenbach-Viadukt
252,5 m
Tunnel am Achdorfer Weg
540 m
Bahnhof Epfenhofen
km 5 - 655 m ü.N.N.
Haltepunkt Wutachblick
Epfenhofer-Viadukt
264 m
Weiler Kehrtunnel
1205 m
Wutach-brücke
107,5 m
Bahnhof Fützen
km 13 - 587 m ü.N.N.
Haltepunkt Lausheim-Blumegg
km 22
Talübergang Fützen
153 m
Stockhalde Kehrtunnel
1.700 m
Grimmelshofener Tunnel
224 m
Tunnel in der kleinen Stockhalde
85,5 m
Bahnhof Grimmelshofen
km 18 - 539 m ü.N.N.
Bahnhof Weizen
km 25 - 471 m ü.N.N.
SCHWEIZ
Richtung Waldshut-Tiengen
Richtung Schaffhausen

1893

Großbrand und glanzvoller Wiederaufbau

Ein Navigationsgerät für die Anfahrt braucht man hier nicht: Schloss Sigmaringen thront weithin sichtbar auf einem Felsen inmitten der Stadt Sigmaringen am Ende des oberen Donautals. Das Geschlecht der Hohenzollern besteht heute aus der evangelischen, preußischen Linie sowie aus der katholisch gebliebenen, fürstlichen Linie, die baulich durch das Hohenzollernschloss Sigmaringen repräsentiert wird.

Auch die katholische Linie des Hauses Hohenzollern stammt vom Zollernberg bei Hechingen. 1535 wurde Karl I., Graf von Hohenzollern, von König Ferdinand I. mit den Grafschaften Sigmaringen und Veringen belehnt. Diese schwäbische Linie verblieb in ihrer Heimatregion, während der Aufstieg der Hohenzollern in Brandenburg erst zu preußischen Königen und nach der Reichsgründung 1871 zu deutschen Kaisern begann. Gänzlich unabhängig voneinander blieben die Preußische und die Sigmaringer Linie der Hohenzollern dabei nicht: Karl-Anton, Fürst von Hohenzollern-Sigmaringen, war von 1858 bis 1862 (also unter den Hohenzollernkönigen Friedrich Wilhelm IV. und Wilhelm I.) preußischer Ministerpräsident.

Die katholische bzw. Sigmaringer Linie des Hauses Hohenzollern stellte zeitweilig die Könige von Rumänien. Internationale Verwicklungen, an deren Ende der Deutsch-Französische Krieg 1870/71 stand, löste Fürst Leopold von Hohenzollern (Sigmaringen) aus, als er auf Wunsch von Reichskanzler Bismarck als Thronkandidat in Spanien antrat. Den Protest der französischen Regierung gegen die dadurch befürchtete »Umklammerung« nutzte Bismarck, um den Krieg gegen Frankreich zu provozieren.

1893 wurden große Teile des Sigmaringer Schlosses durch einen Brand zerstört. Weil die Anschlussstücke der preußischen Feuerwehr (in Sigmaringen) mit den aus den benachbarten Gemeinden herbeigeeilten württembergischen Feuerwehren nicht zusammenpassten, musste Löschwasser mit einer Eimerkette von der Donau hinauf zum Schloss geschafft werden.

Internationale Bedeutung erlangte das Sigmaringer Schloss am Ende des Zweiten Weltkrieges, als Anfang September 1944 – nach der Landung der Alliierten in der Normandie und der Besetzung von Paris – die französische Vichy -Regierung nach Deutschland »gerettet« und im Schloss Sigmaringen untergebracht wurde. Die Stadt Sigmaringen hatte damals weniger als 6000 Einwohner. Für die Sigmaringer war die Einquartierung der Franzosen ein echtes Problem, weil es ohnehin an Lebensmitteln mangelte. Nach der deutschen Kapitulation wurden die Franzosen in Sigmaringen verhaftet. Viele von ihnen wurden von französischen Gerichten zum Tode verurteilt.

▲ Schloss Sigmaringen thront hoch über der Donau. ▼ Karl-Anton, Fürst von Hohenzollern-Sigmaringen, war preußischer Ministerpräsident.

1899

Stadt der Zeppeline

Die Herstellung des ersten Zeppelins begann 1899 in einer schwimmenden Montagehalle, die auf dem Bodensee vor Manzell (nordwestlich von Friedrichshafen) verankert war. Im Jahr 1900 stieg zum ersten Mal ein Zeppelin gen Himmel. Die Fahrt des Prototyps dauerte nur 18 Minuten, dann musste er notlanden.

Am 4. August 1908 startete der vierte Zeppelin (LZ 4) für einen Testflug, der 24 Stunden dauern sollte. Nach elf Stunden Fahrt musste LZ 4 nahe des Rheins bei Trebur notlanden. Die technischen Probleme konnten behoben werden. Um 22 Uhr stieg der Zeppelin wieder auf, musste aber um Mitternacht bei Echterdingen zum zweiten Mal notlanden. Dort wurde er auf dem Feld verankert. Am nächsten Tag riss ein Sturm den Zeppelin los. Bei Bernhausen blieb er an einem Baum hängen und ging in Flammen auf.

Dies blieb keineswegs das einzige Unglück. Bis 1913 gingen zwölf von 19 Luftschiffen durch Unglücksfälle verloren. Die so gewonnenen Erkenntnisse trugen dennoch dazu bei, die Luftschiffe kontinuierlich zu verbessern. Ihre Blütezeit erlebte die Luftschifffahrt in der Zeit der Weimarer Republik und zu Anfang der NS-Zeit. Ab 1930 gab es Linienflüge nach Amerika. Mit dem LZ 129, der »Hindenburg«, hatte der Luftschiffbau wohl seinen Höhepunkt erreicht. Die »Hindenburg« wurde mit Dieselmotoren angetrieben und konnte 72 Passagiere über den Atlantik transportieren. Die Katastrophe bei der Landung der »Hindenburg« in Lakehurst/USA am 6. Mai 1937 läutete das Ende der Zeppeline ein. Dies lag aber weniger an diesem einen spektakulären Unfall, sondern es hatte sich inzwischen herausgestellt, dass Flugzeuge Zeppelinen überlegen sind. Die weitere Entwicklung der Flugzeuge wurde auch durch den Zweiten Weltkrieg angetrieben.

In jener Zeit produzierten mehrere Firmen wie die Dornier-Werke und die Luftschiffbau Zeppelin GmbH Rüstungsgüter. Wegen dieser kriegswichtigen Firmen wurde Friedrichshafen zum Ziel mehrerer Bombenangriffe und war bei Kriegsende zu zwei Dritteln zerstört. Auch die heutige Industrie in Friedrichshafen lässt sich auf den Zeppelinbau zurückführen.

▲ Ein heutiger Nachfahre, der Zeppelin NT. ▼ Ein Zeppelin im Jahr 1919.

MAINAU
2007
DZR

BODENSEE
DI
DI

Brandstätte von Jlsfeld
4. August 1904.
Herzl. Grüße
Familie Kolb

1904

Nach modernen Grundsätzen aufgebaut

Am 4. August 1904 hatten spielende Kinder, die auf einem Spiritusbrenner Äpfel rösten wollten, ein Feuer ausgelöst. Um diese Jahreszeit war das Heu schon in den Scheunen der Bauern eingelagert, und mit den damaligen Möglichkeiten hatten die Feuerwehren keine Chance. Am Ende des Tages bestand der Ort Ilsfeld fast nur noch aus rauchenden Trümmern.

Ilsfeld wurde in recht kurzer Zeit wieder aufgebaut. Ende April 1905, also nur neun Monate nach der Katastrophe, waren bereits 121 Häuser neu errichtet. Als Nächstes folgte der Wiederaufbau der öffentlichen Gebäude, wofür ein Architektenwettbewerb ausgeschrieben wurde. Im Mai 1906 wurden die Schule und das Lehrerhaus eingeweiht, im Juli das Rathaus und am 6. Dezember 1906 die Kirche. Ein großer Vorteil für den Transport der Baumaterialien war, dass Ilsfeld seit 1899 mit der Bottwartalbahn einen Gleisanschluss hatte.

Mit dem Wiederaufbau Ilsfelds wurden die Bauernhöfe in einem neuen »Bauernviertel« zusammengefasst, auch heute noch am Straßennamen »Bauernstraße« zu erkennen. Gänzlich untypisch für die Region, aber praktisch konzipiert sind die Hocheinfahrten in die Scheunen an den Bauernhöfen. Das Bauernviertel wurde an einem leicht ansteigenden Südhang angelegt. Die »Nordstraße« an der Rückseite der Höfe verläuft parallel zur »Bauernstraße« an der Vorderseite der Gebäude, aber etwas höher. Von der rückseitigen Straße gehen Hocheinfahrten in die Scheunen ab, sodass die Bauern mit einem Fuhrwerk in das obere Stockwerk fahren konnten. Die Bauernhöfe wurden freilich auch deshalb in einem eigenen Viertel zusammengefasst, weil man davon ausging, auch zukünftig einen eventuellen weiteren Brand in einem Bauernhof nicht löschen zu können. Der ganze Ort wurde beim Wiederaufbau in vier Viertel aufgeteilt, die durch nach damaligen Verhältnissen breite Straßen voneinander abgetrennt wurden. Diese sollten im Falle eines erneuten Großbrandes Schneisen bilden, die das Feuer nicht überspringen würde. Eine dieser Brandschneisen ist die Ortsdurchgangstraße König-Wilhelm-Straße.

Der Platz zwischen Rathaus und ehemaligem Lehrerhaus, heute Polizeiposten, wurde 2017 »Lothar-Späth-Platz« benannt, in Erinnerung an den ehemaligen baden-württembergischen Ministerpräsidenten, der in seiner Jugendzeit in Ilsfeld gelebt hat und dort 1951 konfirmiert worden war.

In Ilsfeld wuchs auch Ferdinand von Steinbeis (1807–1893) auf, weil sein Vater dort Pfarrer war. Ferdinand Steinbeis wurde Politiker und förderte die Industrialisierung in Württemberg. Das Schulzentrum in Ilsfeld ist nach ihm benannt.

▲ Das Ensemble mit den fünf öffentlichen Bauten wurde im Stil der »schwäbischen Heimatkunst« mit Elementen aus Barock und Jugendstil wiedererrichtet. ▼ Ein zeitgenössisches Foto von Ilsfeld nach dem Brand 1904.

1920

Zisterzienserkloster wird Eliteschule

1697 wurde die Reichsabtei Salem durch einen Brand fast vollständig zerstört. Die gotische Klosterkirche, das Salemer Münster, blieb erhalten. Das Klostergebäude wurde neu aufgebaut und existiert heute noch in der damals errichteten Form – allerdings nicht als Kloster, sondern als berühmte Internatsschule mit etwa 600 Schülerinnen und Schülern.

Markantestes Bauteil ist das 180 Meter breite Konventsgebäude, in welchem die Mönche und der Prior wohnten. Bis 1802 lebten Zisterziensermönche im Kloster Salem. Wie viele andere Klöster wurde diese Reichsabtei im Reichsdeputationshauptschluss aufgehoben, und die Mönche mussten sie verlassen. Das Kloster ging in den Besitz der Markgrafen von Baden über, um diese für den Verlust ihrer linksrheinischen Gebiete zu entschädigen.

1920 wurde das ehemalige Konventsgebäude zum Hauptwohnsitz der Familie von Max von Baden. Seitdem wird dieses ehemalige Kloster »Schloss« genannt. In seinem Schloss gründete Max von Baden die Schlossschule Salem. Heute ist die Schule auf drei Standorte verteilt. Die Mittelstufe wird nach wie vor im markgräflichen Schloss unterrichtet.

Am Ende des Ersten Weltkrieges war Max von Baden – damals Thronfolger im Großherzogtum Baden – fünf Wochen lang Reichskanzler gewesen. Er war es, der am 9. November 1918 eigenmächtig die Abdankung von Kaiser Wilhelm II. – seinem Vetter – erklärte. Damit ging die Regierungsgewalt im Reich an den SPD-Politiker Friedrich Ebert über, der ebenfalls aus Baden stammte. Max von Baden war klar, dass Deutschland den Ersten Weltkrieg beenden musste. Der amerikanische Präsident Wilson hatte gefordert, dass dies durch eine demokratisch gewählte deutsche Regierung geschehe. In der Weimarer Zeit wurde Max von Baden beschuldigt, den Untergang des Deutschen Reiches mitverursacht zu haben.

Gemeinsam mit Karl Reinhardt und Kurt Hahn gründete er 1920 die Schule Schloss Salem. Die Schule steht in der Tradition der Reformpädagogik. Ungewöhnlich war, dass die Schule von Anfang an koedukativ ausgerichtet war und dass Mädchen ebenso wie Jungen dort das Abitur ablegen konnten. Ob die Schule in ihren Anfängen für die neue Demokratie angelegt war oder eher der Elitenbildung des rückwärtsgewandten Adels verschrieben, ist schwer zu beurteilen.

Die Internatsschule Salem war und ist insofern eine Eliteschule, weil sie einerseits aufgrund ihrer Tradition anziehend ist für Eltern aus dem alten und auch aus dem internationalen »Geldadel«, die eine besondere Schule für ihren Nachwuchs wünschen, die garantiert, dass ihre Söhne und Töchter nur mit standesgemäßen Gleichaltrigen zusammen sind. Ein Teil der Schüler sind allerdings »Stipendiaten«. Zielgruppe für die Schule sind trotz allem vermögende Familien, und dieser Ausrichtung entspricht auch heute noch der Stil der Schule. Segeln lernen gehört zum Freizeitangebot, und Hockeyspielen ist üblich, nicht der Massensport Fußball. In den unteren Klassen sind die Schüler aber auch heute noch in Vierbettzimmern untergebracht. Von allen Schülern wird soziales Engagement erwartet und auch die Bereitschaft, sich dafür die nötigen Fähigkeiten anzueignen, etwa bei der schuleigenen Feuerwehr.

In den 1980er-Jahren gab es große Differenzen um die Ausrichtung der Schule. Der Streit zwischen dem Hause Baden und dem Kollegium in Salem wurde letztendlich durch einen Generationenwechsel im Adelsgeschlecht Baden gelöst.

Das in malerischer Landschaft gelegene Schloss Salem ist heute weltweit bekannt, weil vermögende Familien aus vielen Ländern ihre Kinder in die Internatsschule schicken.

Der Bodenseeraum war Schauplatz unzähliger historischer Ereignisse.

Hans und Sophie Scholl-Pfad
Schlossruine
6
Das Gelände der Schlossruine begeisterte die Kinder, war jedoch wegen des großen baufälligen Kellers beschränkt zugänglich.
Zur Einweihung der Kochertal-Bahnstrecke wurde hier 1924 das Theaterspiel »Götz« dargeboten.
Unter Regie des Lehrers Weber führte der Gesangverein zum Sommernachtsfest 1928 unter Lampions den »Sommernachtstraum« auf. Der Abend endete mit einem Feuerwerk.

1921

Heimat der Geschwister Scholl

Die mittelalterliche Altstadt des kleinen Orts Forchtenberg steht als Ganzes unter Denkmalschutz. Kein Wunder: Die Stadtmauern sind fast vollständig erhalten, ebenso Türme und Torbauten. Geschichtsträchtig ist der Ort auch noch aus anderem Grund: Im Rathaus wurde 1921 Sophie Scholl geboren.

Ihr Vater Robert Scholl war seit 1919 Bürgermeister in Forchtenberg, und die Familie lebte in einer Wohnung im Rathaus. 1930 wurde Robert Scholl nicht für eine weitere Amtszeit gewählt, wohl wegen seiner politisch progressiven Einstellung. Robert Scholl wurde Leiter der Handwerkskammer in Stuttgart und zog deshalb mit seiner Familie nach Ludwigsburg um. 1932 zog die Familie nach Ulm, weil der Vater dort als Wirtschaftsprüfer und Steuerberater arbeitete.

Nach Kriegsende wurde Robert Scholl von den Amerikanern zum Bürgermeister von Ulm ernannt. Auch hier musste er seinen Posten wieder räumen: 1948 unterlag er bei der Wahl. Diesmal wurde er unter anderem dafür kritisiert, dass er die »kleineren Nazis« nicht bestrafen lassen wollte, sondern versuchte, sie in den neuen Staat zu integrieren.

Im Februar 1943 war Sophie Scholl, gerade 21 Jahre alt, gemeinsam mit ihrem Bruder Hans Scholl und weiteren Studenten hingerichtet worden, weil sie in München Flugblätter gegen Hitler verteilt hatten. »Weiße Rose« nannte sich diese Studentengruppe. Diese jungen Menschen haben in der dunkelsten Phase der deutschen Geschichte bewiesen, dass es noch ein anderes, ein besseres Deutschland gibt.

An dieses mutige Geschwisterpaar erinnert in Forchtenberg der Hans-und-Sophie-Scholl-Pfad. An zwölf Stationen, die im Ort mit Schildern markiert wurden, kann man wissenswerte Dinge zu den Geschwistern Scholl erfahren. Der Pfad führt auch zur Burgruine oberhalb des Ortes. Da die Wiesenflächen rund um die Mauerwerke dieser Ruine ziemlich eben sind, werden dort Open-Air-Konzerte veranstaltet.

Die Erinnerung an die Familie Scholl wird in Forchtenberg wachgehalten.

1935

Thingstätte auf dem Heiligenberg

Die Thingstätte auf dem Heiligenberg oberhalb von Heidelberg sieht aus wie ein griechisches Amphitheater und ist einem solchen tatsächlich nachempfunden. Antik ist dieses Bauwerk allerdings keineswegs, die Anlage wurde 1934/1935 gebaut und sollte als »Kultstätte des nationalsozialistischen Glaubens« dienen. Durchdacht ist die Anlage, die Platz für bis zu 20 000 Menschen bieten sollte, allerdings nicht: Sehr unangenehm macht sich um die Stätte herum nach Massenevents bemerkbar, dass hier oben keine Wasserleitungen und folglich auch keine Toiletten vorhanden sind.

Der 439 Meter hohe Heiligenberg, auf dem die Thingstätte errichtet wurde, liegt auf der rechten Neckarseite oberhalb des Heidelberger Stadtteiles Neuenheim, d. h. dem Schloss gegenüber. Auf dem Heiligenberg befinden sich auch die Ruinen des Michaelsklosters sowie der Heiligenbergturm, ein 16,5 Meter hoher Aussichtsturm. Dieser wurde 1885 aus Steinen des Michaelsklosters errichtet.

Das markanteste Bauwerk hier oben ist die Thingstätte mit ihren 56 Zuschauerreihen, die auf 25 Meter Höhe schräg nach hinten ansteigen. Für Heidelberg als Standort hatte man sich damals entschieden, weil die Nähe zum gegenüberliegenden Heidelberger Schloss und zu den Domen von Speyer, Worms und Mainz einen Rückbezug der Ideologie des Nationalsozialismus zum »Erbe der Ahnen« fördern sollte. Daher wurde die Anlage in einer antik anmutenden Form gebaut. Beeinflusst wurde die Entscheidung für Heidelberg auch davon, dass Josef Goebbels, der »Reichsminister für Volksaufklärung und Propaganda« selbst in Heidelberg studiert hatte. Voll besetzt war die Thingstätte nur ein einziges Mal, nämlich als sie von Joseph Goebbels persönlich am 22. Juni 1935 eingeweiht wurde. Der Reichspropagandaminister sprach damals mit Pathos: »Diese Stätten sind in Wirklichkeit die Landtage unserer Zeit. [...] Es wird einmal der Tag kommen, wo das deutsche Volk zu diesen steinernen Stätten wandelt, um sich auf ihnen in kultischen Spielen zu seinem unvergänglichen neuen Leben zu bekennen.« So geschah es aber nicht. Die Thingstätte oberhalb von Heidelberg hatte auch in der NS-Zeit nie vergleichbare Bedeutung wie z. B. das Reichsparteitagsgelände in Nürnberg. Während des Krieges wurde der Rundfunk mit dem weitverbreiteten »Volksempfänger« ohnehin wichtiger als Massenevents.

Nicht so alt, wie es scheinen mag: Die Anlage stammt aus der Zeit des Nationalsozialismus.

1940

Mord an über 10 000 Menschen

Das Schloss Grafeneck war ursprünglich ein Jagdschloss der württembergischen Herzöge. Seit 1928 wurde das Schloss als Behinderteneinrichtung genutzt. Als in der NS-Zeit beschlossen wurde, dass Menschen mit schweren Behinderungen vernichtet werden sollen, wurden im Deutschen Reich sieben Orte als Standorte für »Tötungseinrichtungen« ausgewählt.

Grafeneck wurde zum Tötungsort in Südwestdeutschland bestimmt, weil es sehr einsam liegt. Ebenso konnte durch seine Lage oben auf einem kleinen Berg nicht von unten beobachtet werden, was genau sich auf der Hochfläche abspielt. Seit 1929 war das ehemalige Schloss als Behinderteneinrichtung der Samariterstiftung genutzt worden. Von Oktober 1939 bis Januar 1940 wurde die Einrichtung umgebaut. Ein Schuppen vor dem Schloss wurde als Gaskammer hergerichtet. Von Januar bis Dezember 1940 wurden in Grafeneck mehr als 10 000 Menschen mit Behinderungen umgebracht, indem man sie in diesen angeblichen Duschraum einschloss und dann Kohlenmonoxid einströmen ließ. Den Angehörigen wurde mitgeteilt, dass der behinderte Mensch bedauerlicherweise an einer Krankheit verstorben sei und aus »seuchenpolizeilichen Gründen« sogleich eingeäschert werden musste.

Geheimhalten ließ sich diese Aktion trotzdem nicht. Bald wurde bekannt, dass die Omnibusse, mit denen die Behinderten in vielen Einrichtungen in Baden und in Württemberg abgeholt wurden, die Menschen »in den Tod« fuhren. Schon allein durch den Geruch, der sich beim Verbrennen der Leichen verbreitete, wurde in der Umgebung bald bekannt, was auf diesem Hügel geschah. Bauern auf den Feldern hätten sich bekreuzigt, wenn sie wieder die vollbesetzten Omnibusse in Richtung Grafeneck fahren sahen.

Die Tötungen fanden von Januar bis Dezember 1940 statt. Mit der Tötung von etwa 10 000 Behinderten war im Südwesten Deutschlands das angestrebte Ziel bereits erreicht worden. Grafeneck wurde im Anschluss daran ab 1941 als Heim für die Kinderlandverschickung verwendet.

Heute befinden sich auf dem Areal wieder eine Behinderteneinrichtung und eine Gedenkstätte für die Menschen, die hier Opfer der T4-Aktion wurden. Vor den neu errichteten Wohnhäusern wurde eine Kapelle gebaut. Es liegt ein Buch mit den Namen all derer aus, die hier umgebracht wurden. Das Gebäude, in dem die Gaskammer eingerichtet worden war, wurde 1965 abgerissen. In der Dokumentationsstätte am Verwaltungsgebäude werden die damaligen Vorgänge erläutert.

Heute sind in Schloss Grafeneck ein Dokumentationszentrum zur Aufarbeitung der an diesem Ort verübten Verbrechen während der Nazizeit und eine Gedenkstätte für die Opfer untergebracht.

1941

Von hier aus in den Tod

Die Gedenkstätte Nordbahnhof in Stuttgart erinnert an die Deportation von mehr als 2600 Juden aus Stuttgart in den Jahren von 1941 bis 1945. Auf dem Güterbahnhof am inneren Nordbahnhof wurden die Gleise so belassen, wie sie in der NS-Zeit waren. Züge verkehren hier keine mehr.

Am Rand der Strecke mit fünf Gleisen wurde eine 70 Meter lange Mauer angebracht, in der die Namen der Deportierten vermerkt sind. Hinter den Prellböcken wurde eine weitere Wand aufgebaut, an der über die Deportationszüge informiert wird. Man kann nur versuchen, sich vorzustellen, wie es den Menschen ging, die in die Züge gepfercht wurden, die hier auf diesen Gleisen standen. Die meisten werden sich resigniert in ihr Schicksal gefügt haben und widerstandslos in die Güterwaggons gestiegen sein. Bei anderen war es wohl der Anblick der Männer mit Schlagstöcken und Schäferhunden, der ihnen zeigte, dass Widerstand aussichtslos war. Auch Familien mit kleinen Kindern wurden vom Nordbahnhof aus in den Tod gefahren.

Die Juden wurden damals zuerst in den Hallen der damaligen Reichsgartenschau gesammelt und dann unter Bewachung zu den Zügen gebracht, die genau auf diesen Gleisen standen. Es waren Güterwaggons, in welche die Juden einsteigen mussten. Sowohl gegenüber den Deportierten als auch gegenüber der Stuttgarter Bevölkerung wurde davon gesprochen, dass die Juden »umgesiedelt« werden sollten. Manche der Deportierten nahmen deshalb Werkzeuge und Küchengeräte mit. Drei Tage und drei Nächte dauerte die Fahrt des ersten Deportationszuges nach Riga. Drei Tage und drei Nächte in einem Güterwagen, ohne Sanitäreinrichtungen. Im Wald von Rumbula bei Riga wurden die Juden erschossen.

Die Gedenkstätte wurde im Jahr 2006 fertiggestellt. Wie so häufig bei Gedenkstätten dauerte es zwei Generationen, bis sich Menschen fanden, die sich der Vergangenheit stellten. Für die meisten der Polizeibeamten, die damals die Juden in die Güterwaggons getrieben hatten, ging das Leben nach 1945 weiter in Richtung Wirtschaftswunder. Die Lokomotivführer fuhren nach dem Krieg Pendler zu ihren Fabriken und bald auch fröhliche Menschen in den wohlverdienten Urlaub. Ob sie sich Jahre und Jahrzehnte später daran erinnerten, was sich damals an und in den Zügen abspielte, die hier auf diesen Gleisen standen und die Menschen in den Tod fuhren? Immerhin bleibt für die von hier Deportierten eine stille Erinnerung, indem hier an der Wand entlang der Gleise am Nordbahnhof ihre Namen stehen.

Am Nordbahnhof Stuttgart wird der Menschen gedacht, die von hier aus mit Zügen in den Tod gefahren wurden.

Deportationen aus Stuttgart
01. Dezember 1941
26. April 1942
13. Juli 1942
22. August 1942
01. März 1943
17. April 1943
17. Juni 1943
11. Januar 1944
12. Februar 1945
15. März 1943
nach Riga
nach Izbica
nach Auschwitz
nach Theresienstadt
nach Auschwitz
nach Theresienstadt
nach Auschwitz
nach Theresienstadt
nach Theresienstadt
nach Auschwitz

1944

Das Stauffenberg-Schloss

Das Stauffenberg-Schloss in Albstadt-Lautlingen ist ein klassizistischer Bau aus dem Jahr 1842. Die Bezeichnung »Schloss« ist nicht ganz korrekt, denn eigentlich ist dieses Gebäude nur ein größeres Haus, das von einem Park umgeben ist. Das Stauffenberg-Schloss war der Familiensitz des Attentäters vom 20. Juli 1944.

Claus Graf Schenk von Stauffenberg wuchs in Stuttgart und in Albstadt-Lautlingen auf, wobei Lautlingen damals noch ein selbstständiger kleiner Ort war.

Claus Philipp Maria von Stauffenberg wurde 1907 geboren. Sein Vater war der letzte Oberhofmarschall des württembergischen Königshauses – mit dem Ende der Monarchie in Württemberg gab es in Stuttgart auch keinen Königshof mit solchen Ämtern mehr. Den größeren Teil seiner Kindheit verbrachte Claus von Stauffenberg in Stuttgart. Nach der Abdankung des württembergischen Königs im November 1918 verließ auch die Familie Stauffenberg die Landeshauptstadt und lebte von da an dauerhaft in Lautlingen. 1926 begann Stauffenbergs militärische Laufbahn, zuerst im Reiterregiment in Bamberg. Das Schloss Lautlingen blieb aber Familiensitz. Auch seinen Genesungsurlaub nach der schweren Kriegsverletzung im Afrikafeldzug verbrachte er im Schloss Lautlingen. Stauffenberg hatte bei einem Tieffliegerangriff ein Auge, eine Hand und mehrere Finger der anderen Hand verloren. Deshalb kam am 20. Juli 1944 nur ein Bombenattentat in Frage, weil Stauffenberg nicht mehr schießen konnte. Unter all denen, welche das Attentat und den erhofften anschließenden Umsturz planten, war nur Stauffenberg für die unmittelbare Ausführung geeignet, weil nur er direkten Zugang zu Hitler hatte. Claus von Stauffenberg wurde noch in der Nacht des gescheiterten Attentats erschossen. Sein Bruder Berthold war ebenfalls an der Organisation des geplanten Umsturzes beteiligt und wurde in einem Schauprozess zum Tode verurteilt und hingerichtet.

Nach dem Attentat in der Wolfsschanze wurden Claus von Stauffenbergs Mutter sowie seine schwangere Ehefrau Nina im Schloss in Lautlingen festgenommen. Ihre Kinder wurden ihr weggenommen und an verschiedenen Orten unter falschem Namen untergebracht. Nina von Stauffenberg blieb bis zum Kriegsende in verschiedenen Konzentrationslagern als »Sondergefangene« inhaftiert. Nach dem Krieg fand sich die Familie wieder in Lautlingen zusammen. Während der Besetzung durch die Franzosen sollen die Stauffenbergs Mädchen und Frauen aus Lautlingen in ihr Schloss aufgenommen haben, um sie zu schützen.

1970 verkaufte die Familie Stauffenberg das Schloss an die Gemeinde Lautlingen. Trotzdem dauerte es noch bis 2007, bis im Schloss eine kleine Gedenkstätte eingerichtet wurde. Das Schloss dient vor allem als Museum für historische Musikinstrumente. Dem Hitler-Attentäter sind nur zwei kleine Räume gewidmet.

▲ Im ehemaligen Stauffenberg-Schloss sind zwei Zimmer als Erinnerungsort an den Hitler-Attentäter gestaltet. ▼ Albstadt-Lautlingen heute.

1944

Konzentrationslager in Württemberg

In Bisingen, dem kleinen Ort unterhalb der Burg Hohenzollern, gibt es seit Ende der 1990er Jahre einen Geschichtslehrpfad und ein Museum zu dem Konzentrationslager, das hier im August 1944 eingerichtet wurde. Dieses war ein Außenlager von Natzweiler-Struthof mit insgesamt rund 4000 Häftlingen.

Nachdem das Deutsche Reich in der Endphase des Zweiten Weltkrieges auch die Ölfelder in Rumänien verloren hatte, wurde das Benzin knapp. Deshalb kam man in Berlin auf die aberwitzige Idee, aus dem ölhaltigen Schiefergestein, das es auf der Schwäbischen Alb u. a. bei Bisingen und Schömberg gibt, Treibstoff zu gewinnen.

Diese Versuche wurden »Unternehmen Wüste« genannt. In Bisingen wurde im August 1944 in diesem Rahmen das erste Konzentrationslager errichtet. In nur vier der insgesamt zehn Ölschieferwerke wurde überhaupt Treibstoff gewonnen. Die Ausbeute war so gering, dass der so gewonnene Treibstoff für die Versorgung des Militärs unbedeutend blieb. Tausende von KZ-Häftlingen aber verloren aufgrund der unmenschlichen Arbeitsbedingungen ihr Leben.

1947 wurde bei Bisingen der heute bestehende »Ehrenfriedhof« für 1158 namenlose Opfer angelegt. Die Opfer wurden unter Aufsicht der Besatzer von inhaftierten Nationalsozialisten aus Massengräbern exhumiert und auf einem »richtigen« Friedhof bestattet. Namenlos blieben die meisten Opfer bis heute, weil der Bisinger Bürgermeister beim Herannahen der Alliierten alle Unterlagen des Konzentrationslagers verbrennen ließ. Jahrzehntelang wurde verschwiegen, dass es hier ein Konzentrationslager gegeben hatte, obwohl die Bisinger Bürger damals jeden Tag gesehen hatten, wie die Häftlinge unter Bewachung durch den Ort zu den Ölschieferanlagen zogen. Auch wurde für den Friedhof nur der Name »Ehrenfriedhof« verwendet, aber keine Inschrift und kein Wegweiser zeugte davon, dass hier KZ-Opfer beigesetzt wurden. Es dauerte noch Jahrzehnte, bis an der B 27 Wegweiser mit der Aufschrift »KZ-Friedhof« aufgestellt wurden. Der 1947 angelegte Friedhof entspricht bis heute nicht dem, wie man sich ein Gräberfeld für die Opfer des NS-Regimes vorstellt, denn er ist gestaltet wie ein Soldatenfriedhof. Und das große Kreuz in der Mitte wird der Tatsache nicht gerecht, dass viele der Toten jüdischen Glaubens waren.

1953 bis 1956 noch hatte die Gemeinde Bisingen dort, wo die Anlagen zur Ölschiefergewinnung standen, aufforsten lassen, um die Überreste und auch die Erinnerung daran verschwinden zu lassen. Erst in den 1990er-Jahren machten sich jüngere Bürger daran, die dunkle Epoche ihres Ortes zu erforschen. 1996 wurde im Heimatmuseum eine Ausstellung zum früheren KZ mit dem Titel »Schwierigkeiten des Erinnerns« eröffnet. Ebenso wurde 1998 ein Lehrpfad mit sieben Stationen angelegt.

▲ In Bisingen wird an der Stelle des ehemaligen KZs der Opfer gedacht. ▼ Der Ort Bisingen heute.

1944

Bomben-Geschichte

Im Bierkeller unter der Schlosskirche Haigerloch wurde Weltgeschichte geschrieben: Hier entstand im Jahr 1944 der erste Atomreaktor. Die Kernphysiker um Professor Heisenberg und Professor von Weizsäcker aus Berlin hatten wegen der Bombenangriffe auf Berlin ihr Labor bewusst an einen fernab gelegenen und völlig unbekannten Ort verlagert, um hier ungefährdet an der Entwicklung der atomaren Kettenreaktion weiterzuforschen.

Deutschlands Südwesten war bis dahin von Bombenangriffen relativ verschont geblieben. Heisenberg und von Weizsäcker schätzten die militärische Situation Deutschlands realistisch ein – und beschlossen schon 1944, bei der zu erwartenden Besetzung lieber von den westlichen Alliierten als von den Russen aufgegriffen zu werden.

Haigerloch wurde rein zufällig als neuer Standort gewählt. Berichtet wird, dass Studenten den Bierkeller des Haigerlocher Schwanenwirtes von früheren Besuchen her gekannt hätten. Anfang April 1945 begannen die Forschungen in Haigerloch, nachdem das Uran und das Schwere Wasser per Lastwagen von Berlin nach Haigerloch gebracht worden waren. Die Haigerlocher Bevölkerung bekam damals nicht mit, welch brisante Forschungen im Bierkeller direkt unter der Schlosskirche weitergeführt wurden. Auch unter Physikern sei damals nur davon gesprochen worden, eine »Kraftmaschine« und keineswegs eine Bombe zu entwickeln. Bei ihren Experimenten in Haigerloch standen die Physiker kurz davor, eine atomare Kettenreaktion auszulösen. Nach ihrer Gefangennahme durch die Amerikaner forschten viele deutsche Physiker bereitwillig in den USA weiter – und am 6. August 1945 wurde über Japan die erste Atombombe abgeworfen.

Der Atomkeller in Haigerloch dokumentiert die damaligen Forschungsarbeiten. Allerdings ist die Ausstellung sehr detailliert gestaltet. Nicht-Physikern fällt es nicht immer leicht, die Schautafeln zu verstehen.

In Haigerloch gab es bis zur NS-Zeit auch eine große jüdische Gemeinde. Ein Viertel der Ortseinwohner war damals jüdischen Glaubens. In der Reichspogromnacht im November 1938 wurde die Synagoge schwer beschädigt, aber nicht vollständig zerstört, und das Gebäude wurde nicht abgerissen. Nach dem Krieg wurde das beschädigte Gebäude von der Stadtverwaltung an Privatpersonen verkauft. Zeitweilig war ein Kino darin eingerichtet. Auf Initiative eines Arbeitskreises erwarb die Stadtverwaltung im Jahr 1999 das Gebäude zurück. Heute sind in der ehemaligen Synagoge ein Museum und eine Gedenkstätte eingerichtet.

Nach Einmarsch der Alliierten sollte der Atomkeller gesprengt werden. Das hätte jedoch die darüber liegende barocke Schlosskirche beschädigt. Der damalige Pfarrer konnte dies verhindern.

1946

Exil und Landtagsplenum

Königin Charlotte, vormals Prinzessin zu Schaumburg-Lippe, lebte in Bebenhausen bis zu ihrem Tod 1946. Die Nazis wagten nicht, sie zu behelligen. Die Räume im ehemaligen Jagdschloss, die ab November 1918 vom letzten württembergischen König und seiner Frau genutzt wurden, sind nahezu original erhalten und können besichtigt werden.

Schon in der Endphase des Krieges gab es in der evangelischen Landeskirche in Württemberg Überlegungen, wie man nach dem Krieg dem zu erwartenden »geistigen Vakuum« gegenübertreten könnte. Geplant wurde, neben der herkömmlichen Arbeit in den Kirchengemeinden Tagungen, damals Rüstzeiten genannt, anzubieten. Aus dieser Idee entstand die Evangelische Akademie Bad Boll. Pfarrer Eberhard Müller hätte im Auftrag von Bischof Theophil Wurm diese Evangelische Akademie lieber im ehemaligen Kloster in Bebenhausen gegründet, auch wegen der Nähe zur Universität Tübingen. Dies war aber zum Zeitpunkt dieser Planungen nicht möglich, weil die Königin noch dort lebte.

Nach Kriegsende bestand das heutige Bundesland Baden-Württemberg aus den drei Teilen Württemberg-Baden, Baden und Württemberg-Hohenzollern. 1806 waren aus diversen kleineren Territorien und vormals freien Reichsstädten das Königreich Württemberg, das Großherzogtum Baden und das Fürstentum Hohenzollern-Sigmaringen gebildet worden. Baden und Württemberg-Hohenzollern gehörten zur französischen Besatzungszone, Württemberg-Baden zur amerikanischen. Zu Württemberg-Hohenzollern gehörten 15 Landkreise, das ehemalige hohenzollerische Territorium sowie Lindau, welches heute zu Bayern gehört. Der Sitz der Militärregierung in Württemberg-Hohenzollern war in Tübingen.

Im November 1946 wurde eine beratende Landesversammlung gewählt. Daraufhin traten 65 Abgeordnete in Bebenhausen zusammen. Bebenhausen war »frei geworden«, weil Königin Charlotte von Württemberg am 16. Juli 1946 gestorben war. Viele der Abgeordneten, die von weiter weg anreisten, haben in den Zimmern der ehemaligen Klosterschule übernachtet. Warmes Wasser zum Waschen oder irgendwelchen Komfort gab es keinen. In der Nachkriegszeit musste jeder schon froh sein, wenn es genügend zu essen gab und im Winter die Räume geheizt waren. Im Mai 1947 wurde in Württemberg-Hohenzollern die erste Landtagswahl durchgeführt. 32 Abgeordnete gehörten zur CDU, zwölf zur SPD, elf zur DVP und fünf zur KPD. 118-mal versammelten sich die 70 Abgeordneten in Bebenhausen. Das heutige Bundesland Baden-Württemberg wurde 1952 durch einen Volksentscheid gegründet.

Kloster und Schloss Bebenhausen wurden über die Jahrhunderte auf unterschiedlichste Weise genutzt.

1955

Höchster Berg bekommt Sendeturm

Mit 1493 Metern über Normalnull ist der Feldberg der höchste Berg Deutschlands außerhalb der Alpen und somit auch der höchste Berg in Baden-Württemberg. Dementsprechend ist im Winter die Schneelage gut, und die Feldbergregion ist ein beliebtes Skigebiet. Wichtig ist der Feldberg auch als Standort für Sendeanlagen.

Der Feldberg ist im Sommer und mehr noch im Winter ein Anziehungspunkt für Touristen. Im Jahr 2016 wurde deshalb im Ort Feldberg für 15 Millionen Euro ein Parkhaus für 1200 Autos gebaut.

Der Feldberg dient aufgrund seiner großen Höhe schon lange als Standort für Rundfunksender. 1955 nahm der 45 Meter hohe Fernsehturm des damaligen Südwestfunks seinen Betrieb auf. Ausgestrahlt wurden Fernseh- und Rundfunkprogramme. Als Sendeturm genügte dieser Turm mit Aussichtsplattform im neuen Jahrtausend aber nicht mehr. Ab 2003 wurde vom neuen Turm aus gesendet, von einem 82 Meter hohen Stahlbetonturm, rein funktional und ohne Aussichtsplattform. Vom neuen Sendeturm werden keine Fernsehprogramme mehr ausgestrahlt. Die Radiowellen, die von diesem Turm aus ausgesandt werden, sind bis zum Bodensee zu empfangen.

Im alten Sendeturm wurde ein Museum für Schwarzwälder Schinken eingerichtet. Zudem kann der 11. Stock des Turmes auch für standesamtliche Hochzeiten verwendet werden.

Weniger bekannt ist, dass über den Feldberg, nach der über den Schauinsland, Deutschlands zweithöchste Passstraße verläuft. An ihrem höchsten Punkt erreicht sie 1231 Meter. Vollendet wurde diese Straße im Jahr 1885, noch vor der Erfindung des Automobils.

Passstraßen sind bei Motorradfahrern sehr beliebt. Umgekehrt aber freuen sich Anwohner nicht über die zahlreichen Motorräder, die häufig erheblichen Lärm verursachen. Die Schauinslandstraße ist deshalb schon seit 1984 an Wochenenden und Feiertagen für Motorradfahrer gesperrt. Gleiches gilt für die wohl schönste Passstraße in Baden-Württemberg über den Lochenpass. Diese Serpentinenstraße zwischen Balingen-Weilstetten und Tieringen erreicht zwar nur eine Höhe von 888 Metern. Wegen ihrer beeindruckenden sechs Haarnadelkurven kamen Motorradfahrer aber auch von weiter her zum Lochenstein. Am Feldbergpass gibt es kein Verbot für Motorradfahrer.

Der Feldbergturm auf dem Seebuck.

1973

»Nai hämmer gsait!«

Das bei Whyl im Südschwarzwald geplante Kernkraftwerk wurde wegen der anhaltenden Bürgerproteste in den 1970er-Jahren nicht gebaut, obwohl der Bauplatz dafür bereits abgeholzt war. »Nai hämmer gsait!«, so wurde im alemannischen Dialekt die Haltung vieler Menschen in Südbaden zum geplanten Atomkraftwerk zusammengefasst.

Die aufstrebende Wirtschaft und der zunehmende Wohlstand in der Nachkriegszeit hatten dazu geführt, dass der Energieverbrauch in Deutschland von 1950 bis 1973 um das Siebenfache gestiegen war. Heizöl und andere Mineralölprodukte waren damals die wichtigsten Energieträger. Ein Schock für Bevölkerung und Regierung war es, als die erdölexportierenden Staaten, darunter Saudi-Arabien, Irak und Kuwait, im Zuge des Jom-Kippur-Krieges 1973 als Druckmittel gegen den Westen ihre Fördermengen reduzierten und deshalb die Ölpreise massiv nach oben gingen.

In Deutschland sollten deshalb langfristig Alternativen zum Öl gefunden werden, um sich aus der Abhängigkeit von den arabischen Staaten zu lösen. Man ging davon aus, dass Energiegewinnung durch Kernspaltung der beste Weg wäre. Die Nutzung von Sonnen- und Windenergie im großen Stil war damals noch nicht im Blick. Die baden-württembergische Landesregierung unter Ministerpräsident Filbinger ging 1973 von einem Bedarf von neun Atomkraftwerken aus, die bis zum Jahr 2000 in Betrieb gehen sollten.

Mitte 1973 hatte sich die baden-württembergische Landesregierung für Whyl am Kaiserstuhl als Standort für ein künftiges Atomkraftwerk entschieden. 1975 wurde der vorgesehene Bauplatz im Südbadischen von Atomkraftgegnern besetzt. Zu den Protestierenden gehörten keineswegs nur Studenten, Akademiker aus der Region Freiburg und vormalige »Achtundsechziger«. Viele traditionell geprägte Südbadener, insbesondere viele Winzer, befürchteten massive Verluste für ihre Region, falls dort ein Kernkraftwerk gebaut würde. Zu den Gegnern des geplanten Kernkraftwerkes gehörten viele, die bis dahin treue CDU-Wähler gewesen waren. Trotzdem hielt die Landesregierung noch lange an ihren Plänen fest.

Im August 1978 trat Hans Filbinger als Ministerpräsident zurück, nachdem seine Vergangenheit als NS-Marinerichter bekannt geworden war. Auch sein Nachfolger Lothar Späth setzte sich noch dafür ein, dass das Kernkraftwerk Whyl realisiert wird.

Endgültig abgesagt durch die Landesregierung wurde das bei Whyl geplante Kernkraftwerk erst im Dezember 1987. Der Grund dafür war wohl auch, dass nach der Katastrophe von Tschernobyl im April 1986 weltweit ein Umdenken bezüglich der Atomenergie eingesetzt hatte.

Ein Protestplakat gegen das geplante Atomkraftwerk in Wyhl.

ANDREAS BAADER
GUDRUN ENSSLIN
JAN-CARL RASPE
GART-STAMMHEIM 18. OKTOBER 1977
Krauss

1977

»Im Tod muss alle Feindschaft enden«

Andreas Baader, Gudrun Ensslin und Jan-Carl Raspe wurden 1977 in einem Gemeinschaftsgrab auf dem Stuttgarter Dornhaldenfriedhof beigesetzt. Die drei gehören zur »Ersten Generation« der Terroristen, welche als »Rote Armee Fraktion« (RAF) bekannt wurden. Sie starben am 18. Oktober 1977 durch Selbstmord in der »Todesnacht von Stammheim« in der dortigen Justizvollzugsanstalt.

Der Dornhaldenfriedhof wurde 1974 auf dem Gelände eines ehemaligen Schießplatzes angelegt. Relikt dieser Nutzung sind die immer noch sichtbaren Erdwälle, welche einstmals die Schießbahnen voneinander abtrennten. Am 27. Oktober 1977 wurden hier die drei Terroristen beigesetzt. Das Grab ist schmucklos und trägt außer den Namen der drei Toten keinerlei Inschriften. Allerdings hat dieses Gemeinschaftsgrab den Status eines sogenannten »Ewigkeitsgrabes«, d. h. es wurde nicht nach der üblichen Liegezeit von 20 oder 30 Jahren neu belegt. Die Beerdigung verlief pietätlos, was nicht nur am aggressiven Verhalten einiger mit den Terroristen sympathisierenden Teilnehmer an der Trauerfeier lag, sondern vielmehr am völlig unangemessenen und aufdringlichen Verhalten diverser Journalisten und Pressefotografen.

Die »Zweite Generation« der RAF-Terroristen hatte am 5. September 1977 in Köln den Arbeitgeberpräsidenten Hanns Martin Schleyer entführt. Aufgrund seiner Spitzenposition als Vertreter des Kapitals und aufgrund seiner Vergangenheit als NS-Funktionär und SS-Führer war Schleyer ein exponierter Repräsentant des Herrschaftssystems, welches die Terroristen bekämpften.

Das Flugzeug »Landshut« wurde am 13. Oktober entführt und am 18. Oktober 1977 in Mogadischu von der Polizeieinheit GSG 9 gestürmt. Die Geiseln blieben unverletzt, drei der vier Entführer wurden erschossen. Nach dieser Niederlage des Terrorismus töten sich die in Stammheim Inhaftierten. Die Entführer von Hanns Martin Schleyer erschossen ihr Opfer am folgenden Tag.

Der damalige Ministerpräsident von Baden-Württemberg und vormalige NS-Marinerichter Hans Filbinger wollte nur erlauben, dass Gudrun Ensslin in Stuttgart beerdigt wird, da nur sie in Württemberg aufgewachsen war. Manfred Rommel, der damalige Stuttgarter Oberbürgermeister, setzte sich über die Vorgabe des Ministerpräsidenten hinweg und erlaubte die Beerdigung auf dem Dornhaldenfriedhof.

Sehr bekannt wurde Rommels prägnante Begründung für seine Entscheidung: »Mit dem Tod muss alle Feindschaft enden.« Das sahen viele Bürger freilich anders, und Rommel musste für seine Erlaubnis mancherlei Anfeindungen ertragen. Befürchtungen, dass das Grab zu einem Wallfahrtsort von RAF-Sympathisanten werden könnte, sollten sich aber nicht bewahrheiten.

Die schlicht gehaltene Grabstätte auf dem Dornhaldenfriedhof.

1990

Atomraketen und Protest

Heute erinnert in Mutlangen außer ein paar Infotafeln nichts mehr daran, dass hier einst amerikanische Atomraketen aufgestellt waren. Nicht nur die Raketen, sondern auch alle Soldaten wurden inzwischen abgezogen. Das einstige Militärgelände ist heute mit einem Wohngebiet und einem Solarfeld bebaut. Etwas außerhalb des neuen Wohngebietes stehen noch zwei Betonbunker.

Die Mutlanger Heide, ein Areal südwestlich der Ortsmitte, stand in den Jahren 1983 bis 1990 im Blickfeld der Weltöffentlichkeit, weil hier infolge des NATO-Doppelbeschlusses Atomraketen vom Typ Pershing II aufgestellt wurden.

Im Sommer 1977 hatte Bundeskanzler Helmut Schmidt auf die sowjetischen Mittelstreckenraketen SS-20 hingewiesen. SS-20 war der NATO-Code (»Surface to Surface«, Boden-Boden) für die neuen Raketen, die u. a. von der DDR aus ohne Vorwarnzeit Ziele in der Bundesrepublik hätten zerstören können. Im Dezember 1979 fasste die NATO den Beschluss, einerseits der Sowjetunion Verhandlungen über den Abbau dieser Waffen anzubieten oder, falls dies nicht erfolgreich wäre, eigene vergleichbare Systeme aufzubauen. Von Regierungsseite wurde die Aufstellung eigener Marschflugkörper immer als »Nachrüstung« bezeichnet. Gegen die Stationierung der Raketen, welche von den Kritikern als massive Aufrüstung des Westens und erneuter »Schub« im Kalten Krieg empfunden wurden, entwickelte sich massiver Widerstand, der sich in diversen Aktionen in Mutlangen und andernorts ausdrückte.

Mutlangen wurde zum Symbol des gewaltfreien Widerstandes gegen die Atomrüstung. Regelmäßig fanden dort Blockaden der Zufahrtswege zum Militärgelände statt, wobei diese zweifellos symbolischer Natur waren. Sehr bekannt wurde die »Prominentenblockade« vom 1. bis 3. September 1983, an der neben vielen anderen die Schriftsteller Heinrich Böll und Günter Grass, die Professoren Norbert Greinacher und Walter Jens und die Repräsentanten der Grünen Petra Kelly und Gerd Bastian teilnahmen.

Am 8. Dezember 1987 unterzeichneten die damaligen Staatschefs Michail Gorbatschow und Ronald Reagan den INF-Vertrag zwischen den USA und der UdSSR, wonach die SS-20-Raketen abgebaut wurden. Daraufhin wurden 1990 auch die Atomraketen aus Mutlangen abgezogen. Grund dafür war die Annäherung der beiden Supermächte unter ihren damaligen Regierungschefs. Mit dem Abzug der Raketen wurde der gesamte Militärstandort aufgelöst, die Gebäude abgerissen und das Gelände an die Gemeinde Mutlangen zurückgegeben.

Die Pressehütte aus der Protestzeit existiert bis heute. Sie wurde ausgebaut und dient heute als Begegnungsstätte. Dokumentationstafeln erläutern, was sich hier in den 1980er-Jahren zugetragen hat.

Inzwischen Geschichte: die Atomraketen in Mutlangen und die Proteste dagegen.

Widerstand
Millionen von Menschen standen auf gegen die Pershing II-Stationierung.
Die neue Friedensbewegung organisierte unzählige Informationsveranstaltungen, Demonstrationen, Mahnwachen, Petitionen, Unterschriftensammlungen, Fastenaktionen, Friedensmärsche, Schweigekreise, Kongresse, Friedenswochen, Gottesdienste usw.
Höhepunkte des Protests waren 1981 und 1982 friedliche Massendemonstrationen in Bonn mit Hunderttausenden von Teilnehmern.
Vom 1. - 3. September 1983 blockierten 5.000 Menschen gewaltfrei das Mutlanger Pershing-Lager, darunter der Literaturnobelpreisträger Heinrich Böll, die Mitbegründerin der Grünen Petra Kelly, der Zukunftsforscher Robert Jungk.
Im Oktober 1983 verband eine Menschenkette die US-Kommando-Zentrale in Stuttgart-Vaihingen mit der Pershing-Kaserne in Neu-Ulm.
Allen Argumenten und Protesten zum Trotz stimmte der Bundestag im November 1983 der Pershing II-Stationierung zu.
In der Pressehütte entstand sofort eine Dauerpräsenz von jungen Menschen, die entschlossen waren, die Stationierung nicht hinzunehmen.
Gewaltfreiheit und Ziviler Ungehorsam
Friedlich, aber entschlossen.
Ohne Waffen, aber nicht wehrlos.
Kreativ und mit der konstruktiven Kraft der Gewaltfreiheit.
Abrüstung
Die Plastik „Schwerter zu Pflugscharen" ist ein Geschenk der UdSSR an die UNO. Sie wurde 1957 vor dem UNO-Gebäude in New York aufgestellt.

1997

Nun wieder für die Öffentlichkeit zugänglich

Die Hornisgrinde oberhalb des Mummelsees ist mit 1164 Meter Höhe der höchste Berg im Nordschwarzwald. Nicht nur deshalb ist der Berg etwas Besonderes, sondern auch wegen seines zwei Kilometer langen Hochplateaus, über das sich Hochmoore ziehen. 60 Jahre lang war all das für die Öffentlichkeit nicht zugänglich, weil die Fläche erst von der Wehrmacht und dann von der französischen Armee genutzt wurde.

Auf dem höchsten Punkt des Hochplateaus der Hornisgrinde wurde 1871 ein sieben Meter hoher Signalturm errichtet. Schon vorher war der Berg für die Landesvermessung genutzt worden. Am südwestlichen Ende der Hochfläche wurde 1910 vom badischen Schwarzwaldverein ein 23 Meter hoher Aussichtsturm errichtet. Ebenso diente der Gipfel als Start- und Landeplatz für Segelflugzeuge. 1939 wurde der Gipfel militärisches Sperrgebiet, d. h. der Zugang zum Berg für die Öffentlichkeit verboten. Auf dem Gipfel wurden Flugabwehrkanonen stationiert, Teil der »Luftverteidigungszone West«. Ziel war es, eine lückenlose Kette von Flugabwehrkanonen vom Ruhrgebiet bis zur Schweizer Grenze aufzubauen. Im Jahr 1940 wurden die Geschütze aber wieder abgezogen, ohne dass diese auch nur einen Schuss abgegeben hatten. Als problematisch für die Nutzung als Flak-Standort hätte sich auch der häufige Nebel über der Hornisgrinde gezeigt. Im Laufe des Krieges wurden Stellungen am Berg auch für die Führung von Jagdflugzeugen genutzt.

Im April 1945 wurde die Hornisgrinde von der französischen Armee eingenommen. Die Franzosen nutzten sie weiter militärisch, und zwar bis zum Jahr 1999. Sie dehnten das Sperrgebiet bis 1955 sogar bis hinunter zum Mummelsee aus. Der gesamte Berg wurde mit einem 2,5 Meter hohen Zaun aus NATO-Draht abgeriegelt. Das Hotel auf der Hornisgrinde wurde als Kaserne genutzt. 1999 zogen die Franzosen ab, hinterließen aber diverse, meist marode Militärbauten. 2005 wurde der Aussichtsturm samt Restaurant wieder für Besucher eröffnet.

Dem Besucher erscheint die Hornisgrinde nicht sonderlich hoch. Dies liegt daran, dass meist der Mummelsee als Ausgangspunkt für den Besuch dient, dieser aber auch schon auf 1029 Metern Höhe liegt. Die Rheinebene ist jedoch nur acht Kilometer entfernt, und liegt 1000 Meter tiefer. Dementsprechend schön ist der Ausblick von oben auf das Rheintal und auf die Vogesen. Von den Türmen aus sieht man bei schönem Wetter – was auf der Hornisgrinde häufig nicht der Fall ist – sämtliche Berge des Nordschwarzwaldes sowie manche Berge der Schwäbischen Alb.

Das Hochplateau ist für Besucher zu Fuß oder mit dem Fahrrad erreichbar – oder mit dem Omnibus, der vom Mummelsee zum Aussichtsturm fährt. Durch das Hochmoor führt ein drei Kilometer langer Lehrpfad. An den zwölf Stationen können sich die Besucher über Flora und Fauna des Hochmoores informieren.

Die Hornisgrinde ist heute ein beliebtes Ausflugsziel. Bis 1999 war der Gipfel militärisches Sperrgebiet.

2007

Die Tat auf der Theresienwiese

Am 25. April 2007 schossen zwei Täter auf zwei Polizeibeamte, die in ihrem Streifenwagen Pause am Trafohäuschen auf dem Heilbronner Festplatz Theresienwiese machten. Die Polizeibeamtin Michèle Kiesewetter starb. Ihr Kollege wurde durch einen Kopfschuss schwer verletzt, aber überlebte.

Letztendlich wurde nie eindeutig aufgeklärt, wer die beiden Täter waren. Auch der eingesetzte Untersuchungsausschuss konnte die Frage nicht endgültig klären. Nach dem Tod von Uwe Mundlos und Uwe Böhnhardt und der Aussage von Beate Zschäpe »einigte« man sich darauf, dass die beiden auch die Täter von Heilbronn seien. Da gegen Tote nicht ermittelt wird, waren die Nachforschungen damit beendet. Die Tat von Heilbronn weicht aber in vielen Punkten von den anderen NSU-Morden ab: In Heilbronn gaben beide Täter nur einen Schuss ab und es kamen andere Pistolen zum Einsatz als bei allen anderen Morden, die dem NSU zugeschrieben wurden.

Beate Zschäpe sagte aus, dass die beiden Uwes auf der Heilbronner Theresienwiese auf die beiden Polizisten geschossen hätten, um an deren Pistolen zu kommen. Inwieweit die Aussage der Angeklagten Zschäpe »verwertbar« ist, wird nie zu beweisen sein. Klar ist aber, dass die beiden Uwes über genügend Schusswaffen verfügten und daher keinen Bedarf an Pistolen hatten. Abgesehen von der Aussage der Mittäterin gibt es keinen einzigen Hinweis, dass sie überhaupt zur Tatzeit in Heilbronn waren. Es gab diverse Beobachtungen von Zeugen am Tatort. Nach deren Angaben ließ die Polizei Fahndungsfotos herstellen. Keines dieser nach den Angaben mehrerer Zeugen erstellten Bilder gleicht Uwe Mundlos oder Uwe Böhnhardt.

Die Ermittlungen wurden anfangs dadurch erschwert, dass am Einsatzfahrzeug bereits polizeibekannte DNA-Spuren gefunden wurden, nämlich die einer schon lange gesuchten weiblichen Person. Spuren dieser Frau waren schon nach Einbrüchen in Gartenhütten als auch bei Schwerverbrechen gefunden worden. Seitdem wurde die unbekannte Frau das »Phantom von Heilbronn« genannt. Im März 2009, knapp zwei Jahre nach der Tat von Heilbronn, wurde klar, wer dieses »Phantom« war: Die DNA-Spuren waren schon vorher auf den Wattestäbchen gewesen, mit denen die Ermittler an diversen Tatorten die Spuren sicherten, und gehörten zu einer Mitarbeiterin der Firma, welche diese Wattestäbchen herstellt.

Am 4. November 2011 verübten Uwe Mundlos und Uwe Böhnhardt in Eisenach einen Banküberfall. Am Nachmittag des Tattages entdeckten zwei Polizeibeamte das Wohnmobil der beiden Bankräuber in Eisenach. Drei Schüsse knallten, daraufhin gingen die beiden Streifenpolizisten in Deckung. Das Wohnmobil ging in Flammen auf. Die Täter hätten erst Feuer gelegt und sich dann im Wohnmobil selbst erschossen, weil sie sich »in einer ausweglosen Lage« befunden hätten, so die offizielle Erklärung. Zweifler vermuten eher, dass die Lage der beiden Polizisten – ohne Schutzwesten und nur mit Pistolen bewaffnet – aussichtslos gewesen wäre, wenn die beiden Männer im Wohnmobil noch gelebt hätten.

Gedenkstein für die Opfer rechter Gewalt, darunter die Polizistin Michèle Kiesewetter.

Neonazistische Verbrecher haben zwischen
2000 und 2007 zehn Menschen in sieben
deutschen Städten ermordet:
Neun Mitbürger, die mit ihren Familien in
Deutschland eine neue Heimat fanden,
und eine Polizistin.
Wir trauern um
Enver Şimşek, 11. September 2000, Nürnberg
Abdurrahim Özüdoğru, 13. Juni 2001, Nürnberg
Süleyman Taşköprü, 27. Juni 2001, Hamburg
Habil Kılıç, 29. August 2001, München
Mehmet Turgut, 25. Februar 2004, Rostock
İsmail Yaşar, 9. Juni 2005, Nürnberg
Theodoros Boulgarides, 15. Juni 2005, München
Mehmet Kubaşık, 4. April 2006, Dortmund
Halit Yozgat, 6. April 2006, Kassel
Michèle Kiesewetter, Heilbronn
Polizeimeisterin
✱ 10.10.1984 † 25.4.2007
Gemeinsame Erklärung der Städte
Nürnberg, Hamburg, München, Rostock,
Dortmund, Kassel und Heilbronn.
April 2012

Das malerische Städtchen Staufen im Breisgau.

2007

Folgen einer Erdwärmebohrung

Im September 2007 ließ die Stadt Staufen im Breisgau sieben bis zu 140 Meter tiefe Löcher bohren, um Erdwärmesonden einzuführen. Das Rathaus aus dem 16. Jahrhundert wurde saniert und sollte im Zuge dieser Baumaßnahmen ein innovatives Energiekonzept bekommen. Die Rathausgebäude sollten künftig durch Erdwärme im Winter beheizt und im Sommer gekühlt werden.

Die Folge dieser Geothermiebohrungen war, dass sich der Boden anhob, was zu massiven Schäden am Rathaus und vielen anderen Gebäuden der Altstadt in Staufen führte. Staufen ist eine Stadt mit etwa 7500 Einwohnern in der Nähe von Freiburg. Durch die bauliche Katastrophe wurde der Ort weltweit bekannt – und zum warnenden Beispiel für alle, die sich mit Tiefbohrungen beschäftigten. Erst ging es darum, wie man die Bewegungen im Boden stoppen kann, anschließend darum, woher das Geld kommen sollte, um die Schäden zu beseitigen oder jedenfalls zu kompensieren.

Bereits bei der Einweihung des sanierten Rathauses sah man Risse und abplatzende Farbe – und ging noch davon aus, dass Handwerkerarbeiten fehlerhaft ausgeführt worden seien. Als sich schon wenige Tage später auch Schäden an weiteren Gebäuden um das Rathaus herum zeigten, wurde klar, dass es sich um ein viel größeres Problem handeln musste. Zuerst vermutete man, dass sich die Erde abgesenkt hätte und dadurch die Risse in den Gebäuden entstanden seien. Erst nachdem diverse Messpunkte angebracht worden waren, erkannte man, dass die Erde in Staufen sich hebt, und zwar anfangs mit einer Geschwindigkeit von elf Millimetern pro Monat. In vielen Häusern knirschte es im Eichengebälk, wobei die alte Bauweise in diesem Fall ein enormer Vorteil war. Die historischen Gebäude in der Altstadt waren bauartbedingt erstaunlich gut in der Lage, die massiven Erdbewegungen zu verkraften.

Bald erkannte man die Ursache für die Schäden – freilich ohne schnell etwas daran ändern zu können. Durch die Tiefbohrungen war eine Verbindung zwischen einer unter Druck stehenden Grundwasserschicht mit einer darüber liegenden, 75 Meter starken Gipskeuperschicht geschaffen worden. Das Wasser löste eine chemische Reaktion aus: Teile des in der Gipskeuperschicht enthaltenen Anhydrit verwandelten sich in Gips, dadurch vergrößerte sich das Volumen dieser Schicht – und drückte alles nach oben.

Deshalb wurde Grundwasser abgepumpt und die Bohrlöcher der Tiefbohrung verfüllt, damit nicht noch mehr Wasser in den Gipskeuper eindringen konnte. Stoppen ließ sich die chemische Reaktion in der Tiefe aber nicht mehr. In den Mauern vieler Häuser taten sich Risse auf, im Inneren rieselte Putz von der Decke, Parkettböden zerrissen, Türen und Fenster ließen sich nicht mehr schließen, weil die Wände schief wurden. Bedroht war auch das Leitungssystem unter der Erde, wobei insbesondere von den Gasleitungen eine große Gefahr hätte ausgehen können. Auch unter den Straßen wurde deshalb kontinuierlich kontrolliert und repariert. Zehn Jahre nach den Bohrungen bewegte sich die Erde nur noch 2 Millimeter im Monat nach oben und kam dann wieder ganz zur Ruhe. Insgesamt wurden 270 Häuser beschädigt, der Stadtkern hatte sich in den zehn Jahren nach der Bohrung um 60 Zentimeter angehoben und 40 Zentimeter seitwärts nach Norden verschoben.

Erstaunlich gut funktionierte die Finanzierung der Schäden, wobei der größte Teil des Geldes dafür von der öffentlichen Hand aufgebracht wurde. Der Imageschaden für die Geothermieindustrie war beträchtlich.

2009

Der Amoklauf und das Leben danach

Am 11. März 2009 tötete Tim K. in seiner ehemaligen Schule acht Schülerinnen, einen Schüler und drei Lehrerinnen. Auf seiner Flucht erschoss er im Schlossgarten einen Mitarbeiter des dortigen Zentrums für Psychiatrie. Einen Autofahrer zwang er, ihn mitzunehmen. In Wendlingen konnte dieser aus seinem Wagen fliehen. Tim K. ging zu Fuß weiter, tötete in einem Autohaus zwei weitere Menschen. Dort wurde er von der Polizei gestellt und von Polizeikugeln verletzt. Daraufhin erschoss er sich selbst.

Tim K. war bis 2008 Schüler der Albertville-Realschule gewesen. In seiner Klasse sei er ein Außenseiter gewesen, hieß es später, und er sei in psychotherapeutischer Behandlung gewesen. Dem Vater wurde massiv Schuld zugeschrieben, weil er als Sportschütze eine Pistole und Munition dafür nicht weggeschlossen hatte. Verurteilt wurde der Vater zu einer Bewährungsstrafe. Die Eltern und auch die Schwester von Tim K. leben inzwischen mit neuer Identität an einem unbekannten Ort.

Es wurde überlegt, die Realschule abreißen und neu bauen zu lassen, da dieses Gebäude für alle Zeiten gedanklich mit dem Amoklauf verbunden sein werde. Letztendlich entschied man sich dagegen, da die Tat ohnehin ewig im kollektiven Gedächtnis bleiben wird und es daher falsch wäre, allein das Gebäude als äußeres Zeichen dafür zu beseitigen. Stattdessen wurde die Schule umgebaut und erweitert. Es wurde vorne an der Straßenseite ein neuer Gebäudeteil errichtet, damit die so häufig fotografierte Fassade der Schule deutlich anders erscheint als vorher. Eines der beiden Klassenzimmer, in dem die Schülerinnen erschossen wurden, wurde dauerhaft als Gedenkraum gestaltet, mit je einem Pult für die 15 Getöteten, samt einem Foto von ihnen, dazu jeweils Erinnerungsstücke. Die anderen »Tatträume« wurden zur Schülerbibliothek und zum Projektraum umgebaut, damit künftig keine Klasse diesen Schulraum als ihr Klassenzimmer nutzen wird. Fünf Jahre nach der Tat wurde nahe der Schule eine Gedenkstätte errichtet. Der »Gebrochene Ring« des Bildhauers Martin Schöneich aus Rheinland-Pfalz hat einen Durchmesser von sieben Metern. Er ist durch einen Spalt begehbar. Innen im Ring aus Stahl sind die Namen der Opfer zu lesen. Hergestellt wurde das Kunstwerk in einer Schiffswerft in Speyer. Das Leben musste weitergehen, in der Schule und auch in den Familien der Opfer. Im Gottesdienst am 10. Jahrestag des Amoklaufs trat die Schulband auf. Die jüngere Schwester einer der getöteten Schülerinnen sang ein Solo.

Anfangs traten mehrere Eltern der getöteten Schüler öffentlich auf, um unter anderem eine Verschärfung der Waffengesetze zu erreichen. Inzwischen haben sich die meisten der betroffenen Familien in ihr Privatleben zurückgezogen. Gegründet wurde die »Stiftung gegen Gewalt an Schulen«. Treibende Kraft war der Vater der getöteten elfjährigen Schülerin Annabelle. Vergebens hoffte er, dass die »Stiftung gegen Gewalt an Schulen« eine ähnliche Größe und Bedeutung bekommen werde wie die Björn-Steiger-Stiftung, die einst ebenfalls in Winnenden entstanden war.

Die Gedenkstätte für die beim Amoklauf in Winnenden getöteten Menschen.

1

2010

Der »Schwarze Donnerstag«

Unauslöschlich in die Stuttgarter Geschichte ging der »Schwarze Donnerstag« am 30. September 2010 im Schlossgarten ein. Der Tag steht für maßlose Polizeigewalt auch gegen Kinder und gegen Unbeteiligte. An diesem Tag wurde der Schlosspark geräumt, mit Wasserwerfern und Schlagstockeinsatz, obwohl eine angemeldete Schülerdemonstration gegen das Bahnprojekt »Stuttgart 21« stattfand.

Bei der Räumung wendeten Polizeibeamte massive Gewalt an. Vonseiten der Polizei wurde behauptet, dass die Gewalt von den Demonstranten ausgegangen sei. Beweise dafür konnte die Polizei nicht vorlegen.

Grund für die Räumung des Schlossgartens an diesem Tag war vermutlich, dass Ministerpräsident Stefan Mappus am 7. Oktober 2010 seine Regierungserklärung abgeben und zeigen wollte, dass er sich auch gegen Bürgerproteste durchsetzen kann. Die ungezügelte Gewalt, die dabei von der Polizei gegen friedliche Demonstranten angewandt wurde, lässt vermuten, dass die Polizeibeamten dazu »Rückenwind« von höherer Stelle spürten. Auch die juristische Aufarbeitung lässt diesen Schluss zu. Polizeibeamte, die Kinder geschlagen hatten, wurden dafür nicht zur Rechenschaft gezogen.

»Grundsätzlich« gibt es, anders als zum Beispiel in Frankfurt, Hamburg oder in Berlin, in der Schwabenmetropole keine gewalttätigen Demonstrationen. Auch bei Demonstrationen gegen Kernkraftwerke oder gegen Atomraketen in früheren Jahrzehnten kam es in Baden-Württemberg im Gegensatz zu solchen Protesten in diversen anderen Bundesländern nicht zu nennenswerten gewalttätigen Auseinandersetzungen. Seit 40 Jahren waren in Stuttgart keine Wasserwerfer mehr eingesetzt worden.

»Überflüssig« ist eine sehr zurückhaltende Bewertung für den Polizeieinsatz beim »Schwarzen Donnerstag«. Es gab überhaupt keinen Grund, den Schlossgarten gerade an diesem Tag zu räumen, an dem eine Schülerdemonstration stattfand, zumal die Demonstranten spätestens am Abend ohnehin nach Hause gegangen wären. Die juristische Aufarbeitung war ebenso grotesk. Oberstaatsanwalt Bernhard Häußler hatte Polizeipräsident Siegfried Stumpf beauftragt, die Ermittlungen dazu zu leiten – also ein eventuelles Fehlverhalten der Polizei in einem Einsatz zu untersuchen, den er als Polizeipräsident selbst geleitet hatte. Oberstaatsanwalt Häußler wiederum war ebenfalls selbst beim Einsatz dabei gewesen und hätte seinerseits gegen die Polizeigewalt eingreifen müssen. Insofern kam es nicht überraschend, dass Oberstaatsanwalt Häußler auch im Nachhinein kein Fehlverhalten der Polizei feststellen konnte – obwohl die Stuttgarter Rettungsdienste damals gemäß dem Einsatzplan »Massenanfall von Verletzten« arbeiten mussten, um die Opfer der Polizeigewalt zu versorgen.

▲ Der Stuttgarter Schlossgarten mit Oper und Eckensee. ▼ Demonstranten und Wasserwerfer im Mittleren Schlossgarten am 30. September 2010.

Vor dem Untersuchungsausschuss des Landtages erklärte Stumpf allerdings, dass er erst später in den Schlossgarten gekommen sei und nicht mitbekommen habe, wie die Wasserwerfer auf die Köpfe der Demonstranten schossen. Die Ermittlungen gegen den Polizeipräsidenten wurden also bereits im Dezember 2010 eingestellt. Nach dem Regierungswechsel am 27. März 2011 ging Polizeipräsident Stumpf »aus gesundheitlichen Gründen« in den vorzeitigen Ruhestand. Die Pressemitteilung des Innenministeriums – inzwischen unter SPD-Leitung – dazu bestand gerade einmal aus zwei Sätzen. Ausgestanden war die Angelegenheit für Stumpf damit trotzdem noch nicht. Es tauchte ein Foto auf, aus dem klar hervorging, dass Stumpf während des Wasserwerfereinsatzes schon auf dem »Feldherrenhügel« stand, gemeinsam mit Oberstaatsanwalt Bernhard Häußler – und sehr wohl gesehen hatte, wie Polizeibeamte auch Rentner und Kinder mit Wasserwerfern, Schlagstöcken und Pfefferspray attackierten. Der Einsatz von Pfefferspray gegen Minderjährige ist unzulässig, eingegriffen hatte der Polizeipräsident dennoch nicht. Stumpf akzeptierte einen Strafbefehl in Höhe von 120 Tagessätzen und ging damit als erster vorbestrafter Polizeipräsident in die Geschichte des Landes Baden-Württemberg ein.

Am 18. November 2015 fällte das Verwaltungsgericht Stuttgart ein unerwartetes Urteil: Demnach war der gesamte Polizeieinsatz rechtswidrig. Bestätigt wurde, dass die Menschenansammlung am 30. September 2010 eine Versammlung im Sinne des Artikels acht des Grundgesetzes war, sowie »eine kollektive Unfriedlichkeit« lasse sich »entgegen der Auffassung des beklagten Landes nicht feststellen«. Demnach hätte die Versammlung nicht mit Gewalt aufgelöst werden dürfen. An Dietrich Wagner, der durch den Einsatz eines Wasserwerfers nahezu erblindet ist, leistete das Land Baden-Württemberg Entschädigungszahlungen in Höhe von 120 000 Euro.

Am Karsamstag 2021 fand in Stuttgart eine große Demonstration von »Querdenkern« statt, eine Protestkundgebung gegen die Maßnahmen zur Verhinderung einer weiteren Ausbreitung des Corona-Virus. Die Polizei sah tatenlos zu, wie etwa 15 000 Demonstranten gegen die Auflagen verstießen, also keine Masken trugen und keinen Mindestabstand einhielten. Man wollte nicht eingreifen, weil dies nur mit Gewaltmaßnahmen möglich gewesen wäre, rechtfertigte sich die Polizeiführung anschließend. Auf Videos ist zu sehen, wie Polizisten ihre Sympathien für die Corona-Leugner ausdrückten.

Die Baustelle von Stuttgart 21 von oben.

2012

Schönbühl, eine Geisterstadt

Der Schönbühl ist seit 2012 verlassen. Etwa 40 Häuser, einige davon stammen noch aus der Zeit von vor 150 Jahren, gammeln vor sich hin. Schon lange ist geplant, die Anlage abzureißen. Beim Verfassen dieses Buches im Frühjahr 2021 existierten die leerstehenden Häuser immer noch in gleicher Weise wie 2012, als das Jugendheim geschlossen wurde.

Der Schönbühl, benannt nach dem gleichnamigen Hügel oberhalb dieser Ansiedlung, wurde 1866 als »Rettungsanstalt für besonders entartete und verbrecherische Knaben evangelischer Konfession« gegründet. Bis 2012 war die Anlage in Betrieb. Die pädagogischen Methoden änderten sich im Laufe der Zeit. Schläge für die Insassen waren jedenfalls in den letzten Jahrzehnten nicht mehr üblich. Was gleich blieb, war, dass hier schwer erziehbare und häufig auch straffällig gewordene Jungen auch gegen ihren Willen untergebracht waren. »Der Schönbühl« war meistens die letzte Form der Heimunterbringung, danach kam oft nur noch das Gefängnis. Viele der Bewohner nutzten den Schönbühl tatsächlich als Chance, ihrem Leben eine bessere Wendung zu geben. Die Jugendlichen konnten hier ihren Schulabschluss nachholen und auch eine Ausbildung absolvieren.

Die Anlage war 1866 bewusst in völlig einsamer Lage gebaut worden mit dem Ziel, die häufig gewalttätigen Bewohner von der Gesellschaft fernzuhalten. Praktische Vorteile hatte die Lage tatsächlich noch lange: Abends an einer Tankstelle noch ein paar Bier zu trinken, ist von hier oben zu Fuß kaum möglich. Über eineinhalb Jahrhunderte hinweg waren es immer männliche Jugendliche, die auf dem Schönbühl untergebracht wurden. Abteilungen mit »geschlossener Unterbringung« gab es bis zuletzt, wenn auch nur für einen sehr kleinen Teil der Bewohner. Andere Bundesländer wie Hessen oder Hamburg verkündeten stolz, dass es bei ihnen keine geschlossene Unterbringung von Jugendlichen mehr gebe – weil sie ihre schwierigsten Kandidaten nach Baden-Württemberg auf den Schönbühl exportierten.

2012 wurde das Erziehungsheim aufgegeben, allerdings ohne ein adäquates anderes Angebot für diese Zielgruppe. Seitdem steht das weitläufige Anwesen leer. Während der Flüchtlingskrise wurden hier kurzfristig Geflüchtete untergebracht und dafür das wild überwucherte Gelände etwas freigeschnitten. Mehr geschah nicht. Es gab eine Initiative, die hier ein »Dorfprojekt Schönbühl« gründen wollten. Auch eine christliche Schule sollte in den alten Gemäuern ihren Betrieb aufnehmen. Realisiert wurde nichts. 2014 kaufte ein Investor das Anwesen, der die alten Häuser abreißen und eine Musterhaussiedlung errichten will. Auch dieser Plan wurde noch nicht umgesetzt.

Die Anlage des ehemaligen Erziehungsheims auf dem Schönbühl oberhalb von Beutelsbach wartet auf eine neue Nutzung.

2014

Keine Fähre mehr im Dorf der Kapitäne

Der kleine Ort Haßmersheim (knapp 5000 Einwohner) an der linken Neckarseite wartet gleich mit mehreren Besonderheiten auf: Haßmersheim war das »Dorf der Kapitäne«, und im Reichsschwefelwerk wurde dort im Ersten Weltkrieg Schießpulver hergestellt. Bis 2014 war eine Fähre über den Neckar in Betrieb, bis diese durch einen Fußgängersteg ersetzt wurde.

In Haßmersheim steht nach wie vor das »Reichsschwefelwerk«. Dieses wurde in der zweiten Hälfte des Ersten Weltkrieges gebaut. Erstaunlich ist, dass man auch in der Kriegszeit diesen Zweckbau durchaus repräsentativ gestaltete. Das 39 Meter hohe Gebäude hat einen Mittelturm mit Umlauf. Die Dächer und die Fassade sind eindrucksvoll gestaltet. Insgesamt erscheint das Gebäude eher wie eine moderne Burg als ein militärischer Zweckbau. In gewisser Weise erinnert das Reichsschwefelwerk sogar an eine Art Kathedrale mit Mittelschiff und Seitenschiffen. Der Betrieb des Reichsschwefelwerkes war nicht rentabel. Um eine Tonne Schwefel zu gewinnen, habe man 30 Tonnen Gips verarbeiten müssen. Zudem fielen beim Herstellungsprozess in den Hochöfen viele gefährliche Abfallstoffe an, die entweder über die Schornsteine die Luft verpesteten oder als Schlacke abgelagert wurden. Im Zweiten Weltkrieg wurde das Reichsschwefelwerk mit seinen großen Hallen wieder militärisch genutzt, es wurde darin aber kein Schwefel mehr hergestellt. Mehrere Teile des ehemaligen Reichsschwefelwerks wurden inzwischen demontiert bzw. gesprengt. Heute stehen noch die Gebäude »Alte Mälzerei« und die Sprenglufthalle. Die »Alte Mälzerei« ist das ehemalige Silogebäude des Reichsschwefelwerkes. Der Name »Mälzerei« kommt daher, dass es von 1981 bis 1998 als Malzfabrik genutzt wurde. Eine Innenbesichtigung des ehemaligen Reichsschwefelwerkes ist nicht möglich.

Bis 2014 fuhr in Haßmersheim eine Fähre über den Neckar, damals die zweitletzte Neckarfähre, nachdem schon im Jahr 2011 die Binnenfähre bei Zwingenberg durch einen ähnlichen Steg ersetzt wurde. Für das auf der linken Neckarseite gelegene Haßmersheim ist die Verbindung über den Neckar wichtig, denn gegenüber auf der rechten Neckarseite liegt der Haltepunkt der Bahnlinie, auf der auch S-Bahnen fahren. Ebenso verläuft die Bundesstraße 27 auf der rechten Neckarseite. Autofahrer müssen allerdings seit dem Wegfall der Fähre einen Umweg fahren, denn die Fähre wurde durch einen 222 Meter langen Steg ersetzt, der nur für Fußgänger und Fahrradfahrer ausgelegt ist.

Da die Binnenschifffahrt in Haßmersheim immer eine wichtige Rolle spielte – der Ort galt einst als das »Dorf der Kapitäne« – gibt es in Haßmersheim ein Schifffahrtsmuseum. Dieses ist im ehemaligen Schulhaus untergebracht. Auf 120 Quadratmeter sind viele Kleinode und Schiffsmodelle ausgestellt. »Echte« Schiffe wie in größeren Schifffahrtsmuseen kann man in Haßmersheim leider nicht besichtigen.

Das leerstehende ehemalige Reichsschwefelwerk in Haßmersheim.

ZU VERKAUFEN | ZU VERPACHTEN

Pererano
BTI

2021

Höchste Bauruine im Südwesten?

Der Schwabenlandtower ist ein – Stand März 2021 – noch im Bau befindliches Hochhaus am östlichen Ortsrand von Fellbach. Das 107 Meter hohe Gebäude mit 34 Etagen wird das höchste Wohngebäude in Baden-Württemberg sein. Das höchste Wohngebäude in Deutschland ist der 2020 fertig gestellte »Grand Tower« in Frankfurt mit 172 Metern Höhe.

Nach langen Diskussionen in Fellbach – es gab zahlreiche Bürger, welche ein solches »Manhattan-Bauwerk« nicht in ihrem Heimatort sehen wollten und die vom »Koloss von Fellbach« sprachen – stimmte der Fellbacher Stadtrat im Mai 2014 endgültig dem Bauvorhaben zu. Zu dieser Zeit war das Bauvorhaben unter dem Namen Gewa-Tower, als Abkürzung des Namens des Bauunternehmers Michael Georg Warbanoff, bekannt.

Ausdrucksstark ist die Silhouette des Fellbacher Hochhauses auch deshalb, weil die Etagen auskragend gebaut sind, der Turm wird also von unten nach oben breiter. Im Hochhaus sollten 66 Luxuswohnungen realisiert werden, für Preise bis zu 1,8 Millionen Euro für die besten Wohnungen mit ca. 200 Quadratmetern. Am 9. September 2016 wurde Richtfest gefeiert. Bis dahin hatte der Bauunternehmer entgegen seiner Planungen jedoch nur für etwa die Hälfte der Wohnungen einen Käufer gefunden. Im November 2016 meldete das Bauunternehmen Insolvenz an, und die Bauarbeiten wurden eingestellt. Das Hochhaus war bis dahin schon in voller Höhe errichtet, innen aber war es noch unfertig. Auch die Fassade war noch unvollendet. Lange Zeit wurde am Rohbau nicht mehr weitergearbeitet. Fellbachs Oberbürgermeister, der sich vormals sehr für den Bau des Towers eingesetzt hatte, trat aus persönlichen Gründen nach zwei Amtsperioden nicht mehr zur Wahl an. Am 107 Meter hohen Rohbau ruhten weiterhin die Arbeiten. Die ersten aufgesprühten Graffitis leuchteten schon von der Fassade.

Im Jahr 2018 kaufte die CG-Gruppe den halbfertigen Rohbau für 15 Millionen Euro. Die Anleger, die bereits eine der Luxuswohnungen gekauft hatten, bekamen etwa 40 Prozent ihrer Einlagen wieder zurück. Dafür mussten sie sogar noch dankbar sein, denn zeitweilig sah es so aus, als ob ihr Geld komplett verloren sei. Der Traum vom Wohnen in einer luxuriösen Eigentumswohnung mit grandioser Fernsicht war schon lange gestorben.

Der neue Eigentümer entwickelte ein neues Konzept für den noch unfertigen Wohnturm. Statt 66 Luxuswohnungen sollten darin 194 Mietwohnungen mit Wohnflächen von 37 bis 77 Quadratmeter entstehen.

Am 15. Dezember 2020 wurde bekannt gegeben, dass der neue Eigentümer seine Rechtsform geändert habe und dass bei einigen seiner Projekte Änderungen bevorstehen. Schon vorher war aufgefallen, dass am Tower offensichtlich wieder Stillstand herrscht. Ebenfalls am 15. Dezember 2020 wurde mitgeteilt, dass der Tower erneut zum Verkauf stünde. Nach jahrelangem Stillstand wurde am 15. Juni 2021 berichtet, dass die Arbeiten am Hochhaus wieder aufgenommen worden seien.

Noch unfertig nach langem Stillstand: Der Schwabenlandtower in Fellbach soll mit neuem Konzept 107 Meter hoch werden.

Blick vom Herzogenhorn auf Feldberg und Seebuck.

VITA

Dr. Dietrich Hub ist Pfarrer, Kommunikations- und Sozialwirt und hauptberuflich in der Öffentlichkeitsarbeit einer großen kirchlichen Einrichtung tätig. In seiner Freizeit schreibt er Reisereportagen und Kriminalromane. Seine besondere Liebe gilt der Geschichte seiner baden-württembergischen Heimat.

IMPRESSUM

Sollte dieses Werk Links auf Webseiten Dritter enthalten, so machen wir uns die Inhalte nicht zu eigen und übernehmen für die Inhalte keine Haftung.

In diesem Buch wird aus Gründen der besseren Lesbarkeit das generische Maskulinum verwendet. Weibliche und anderweitige Geschlechteridentitäten werden dabei ausdrücklich mitgemeint, soweit es für die Aussage erforderlich ist.

1. Auflage 2022

Schweickhardtstraße 5a, D-72072 Tübingen.

Umschlaggestaltung: Björn Locke, Nürtingen.

Coverfotos: Hauptbild Grabkapelle auf dem Württemberg, Stuttgart © thomas_pics – Adobe Stock; Einklinker von links nach rechts: Burg Hohenzollern © Boris Stroujko – Shutterstock; Schloss Karlsruhe © Alexander Kazarin – Shutterstock; Ulm mit Münster © Seematze – Wikimedia Commons; Freisteller Feldbergturm © Flominator – Wikimedia Commons.

Satz und Layout: Silke Schüler, München.

Printed in Slovenia by Florjančič.

ISBN 978-3-8425-2337-1

Ihre Meinung ist wichtig für unsere Verlagsarbeit. Senden Sie uns Ihre Kritik und Anregungen unter **meinung@silberburg.de**

Besuchen Sie uns im Internet und entdecken Sie die Vielfalt unseres Verlagsprogramms: **www.silberburg.de**

BILDNACHWEIS

Bettina Kimpel: S. 90; Dietrich Hub: S. 10 oben und unten, 14, 17, 18, 21, 25 oben, 33 unten, 34 oben und unten, 38, 53, 54 oben und unten, 57 unten, 69 oben, 76, 79, 80, 83, 84 oben, 87 oben, 88, 96, 99, 100, 103, 107, 112, 115, 116; gemeinfrei: S. 26 oben, 69 unten, 70 unten; Kloster Kirchberg: S. 33 oben; Paul Gärtner: S. 25; Pixabay: S. 13, 21, 29 oben und unten, 37, 41, 43, 45, 58 oben und unten, 61, 62, 66 oben und unten, 73 unten, 104; © Roland Beck/Burg Hohenzollern: S. 49 oben und unten, 50; Schloss Sigmaringen: S. 66 unten; Schlossschule Salem: S. 73 oben; Sina Ettmer Photography: S. 30; © Stadt Blumberg: S. 65 oben; Zentrum für Psychiatrie Winnenden: S. 57 oben.

Wikimedia Commons: Oberlausitzerin64, CC BY-SA 4.0: S. 5; Adrian Michael, CC BY-SA 3.0: S. 6; Felix König, CC BY-SA 3.0: S. 7; Christophe. Finot, CC BY-SA 3.0: S. 9; Dr. Eugen Lehle, CC BY-SA 3.0: S. 26 unten; SEM, CC BY-SA 3.0: S. 46 unten; Sansculotte, CC BY-SA 2.0: S. 65; Peter Schmelzle, CC BY-SA 2.5: S. 70 oben; Adrian Michael, CC BY-SA 3.0: S. 74/75; qwesy qwesy, CC BY-SA 3.0: S. 84 unten; Zonk43, CC BY-SA 3.0: S. 92; Mussklprozz, CC BY-SA 3.0: S. 108 unten, Rolf Kickuth, CC BY-SA 4.0: S. 111; PantaRhei, CC BY-SA 4.0: S. 118/119.